禅在红楼第几层

梁归智 著

陕西师范大学出版总社

图书代号： WX18N0975

图书在版编目（CIP）数据

禅在红楼第几层／梁归智著. — 西安：陕西师范大学出版
总社有限公司，2018.9
ISBN 978-7-5613-9806-7

Ⅰ.①禅…　Ⅱ.①梁…　Ⅲ.①禅宗—关系—《红楼梦》—
研究　Ⅳ.①B946.5　②I207.411

中国版本图书馆CIP数据核字（2018）第034949号

禅在红楼第几层
CHAN ZAI HONGLOU DI JI CENG

梁归智　著

责任编辑	郑若萍
责任校对	陈君明
封面设计	张潇伊
出版发行	陕西师范大学出版总社
	（西安市长安南路199号　邮编710062）
网　　址	http://www.snupg.com
印　　刷	西安市建明工贸有限责任公司
开　　本	880mm×1230mm　1/32
印　　张	7.5
插　　页	1
字　　数	168千
版　　次	2018年9月第1版
印　　次	2018年9月第1次印刷
书　　号	ISBN 978-7-5613-9806-7
定　　价	39.80元

读者购书、书店添货或发现印刷装订问题，请与本公司营销部联系、调换。
电话：（029）85307864　85303629　传真：（029）85303879

《禅在红楼第几层》序

周汝昌

禅是什么？是佛门中一支独特宗派，具有浓郁的中国特色，无与伦比。

自开坛立宗后，其方法与精神沁透于中华文化的各个方面，而人不能尽觉尽识。中土诗词，离开禅就会成为"不可理解"的文字。《红楼梦》是一部用诗写成的小说，所以禅也就沁透于其中，这也可说成是一种"规律"吧？

此义未明，《红楼》难懂。而为读者讲讲这方面的书，似乎不多，归智此著，就质量水平而观之，当推龙首。

禅，是一种"传授"方式，一种领会"捷径"。它把双方——传者与受者的距离（或途径）缩到最短；它要你扫除一切翳障后直达目标。

禅，是灵性，所以《红楼》开卷即写通灵一义。灵，在智与慧之上，是中华民族精神活动的最高境界。

没有灵性的人，无法进入《红楼梦》中。

禅与灵，是感悟之本能。感悟不靠形式推理逻辑，不是算式与图表。

禅，是向上一路的，故云："丈夫自有冲天志，不向如来行处行。"

禅，是不盲从权威偶像的，故常"呵佛骂祖"。常人不解，以邪说异端视之。

禅不是"填鸭""灌输"，是启示触发，是契合，是通彻。

禅，有真假。"机锋语""俏皮话"往往为俗人误作禅义。什么"弱水三千，但取一瓢"……说时还闭目合掌，笑煞笑煞！

禅不"玄虚"，不"神秘"。读了梁归智教授这本书，自能相信斯言。

我是归智先生此书的序者，无论序者还是作者，都是脱不出文人论禅这个大范围的。我们的论禅若拿与真正的禅门大师去看，他们也许会大发一笑，认为我们还是未能抓住禅的灵魂命脉，说了些外道和误导的错话。但就是从《红楼梦》作者曹雪芹来说，他也不过是一位文人禅者。因此，拙序还望真正的禅宗大师来指引和棒喝。

诗曰：

> 禅在红楼第九层，灵居慧上更超腾。
> 红楼一望诗中境，却借谈情号曰僧。

丙戌闰七月初一夜于媚红室

写作弁言

1997年至1998年，我曾经应吴言生居士之邀，为中国台湾佛光山"中国佛教高僧全集（全新小说版）"撰写了《仰山小释迦——仰山慧寂大师传》和《即色本空——支遁大师传》。前者于2000年4月由佛光文化事业有限公司出版，2008年12月第二次印刷；后者则直到2007年11月方始初版问世。2002年6月，河北禅学研究所主办《中国禅学》创刊号由中华书局出版，其中有我的一篇《禅在红楼第几层——禅、〈红楼梦〉与中国天道》。2005年，则为山西古籍出版社撰写了《金刚经坛经译注》，2012年6月扩增为《金刚经坛经心经地藏经译注》由三晋出版社再版。

对《红楼梦》，从在1981年第1期香港《抖擞》学刊发表《探春的结局——海外王妃》以来，研究一直没有间断，已经出版了以《石头记探佚》（《红楼梦探佚》）、《红楼赏诗》（《红楼梦诗词韵语新赏》）、《独上红楼》、评批本《红楼梦》和《红楼风雨梦中人——红学泰斗周汝昌传》为代表的多种著作。

虽然有这些对禅学和红学的研究基础，但此时把笔撰文，仍然感到有一点踌躇。禅是个大题目，儒、道、禅，乃中华传统文化的三足，禅更是一种智慧。《红楼梦》也是个大题目，红学号称显学，被尊为中华文化之学和新国学。

禅学与红学，二者俱是大宗大本，源远流长，可谓"百川灌河，泾流之大，两涘渚崖之间，不辩牛马"（《庄子·秋水》），其奥妙则堪称吹影镂尘、山齐斗重。要把禅与《红楼梦》的关系捋清，尤其要写得赏心悦目的话，实在不是一件容易的事。

坊间有关禅学和红学的书籍堪称五花八门，丰富多彩。专谈《红楼梦》与禅的书也已经有前贤的几种著作，如潇湘（圆香）《红楼梦与禅》[①]、张毕来《红楼佛影》[②]、李哲良《红楼禅话》[③]。不过，这些著作虽然各有贡献，但也有一个共同的根本缺陷，就是在谈到《红楼梦》时，对前八十回和后四十回的文本区分不是十分严格，而倾向于把一百二十回作为一个"整体"对待，然后泛泛地谈论清代的佛禅文化背景对小说的影响，或者用佛教的某些义理、规范来对勘小说中的人物和情节，证明《红楼梦》里存在佛教文化的痕迹。

积多年治红学的经验，深知不区分曹雪芹原著与后四十回"两种《红楼梦》"，则任何进一步的探索论说都必将问题多多，难成正果。因此，本书的基本立场是，严格区分"两种《红楼梦》"，分别讨论禅与二者的关系，看看在这两种不同的文本体系中，禅呈现出怎样各异的文化气质和风貌，这种差异又能给我们什么样的启示。

---

① 圆香：《红楼梦与禅》，台湾狮子吼杂志社，1970年。

② 张毕来：《红楼佛影》，上海文艺出版社，1979年。

③ 李哲良：《红楼禅话》，生活·读书·新知三联书店，1996年。

过于严肃的"论文体"写作，繁征博引，三纸无驴，形式逻辑，名相纷列，违背了禅的精神，也容易把许多读者拒之门外。在市场化占主导的时代，这样的写作无异于自杀行为。但要真正做到深入浅出，雅俗共赏，既有学术含量又有文本魅力，写作难度其实极高。

笔者驽马驾盐车，以一知而充十用，腾蛟起凤，势所难能，只好采取广结善缘、借风使船的写法，多撷取前贤时彦的成果予以整合，如果能碰撞激发出新意新解，也就可以免去"文抄公"的嫌疑了。读者果然偶见水碧山青，能够有一点智的启发、心的觉悟，作者也就心欢意惬，不枉了一番苦心作意。说句俏皮话，不少材料是"抄"的，见解却是全新的，这才见大智慧显真本事呢！

可以说，我写的不是"论文"而是"论笔"，"论笔"一词当然是笔者的杜撰。习见的"论文"以西方文化的科学性和逻辑性为特征，自然有其合理锋利的一面，但也造成了一些副作用，特别是文体的单一枯燥，让人望而生畏，减少了流通性和影响力。

中国古代文论发展史上有"文笔之辨"，是文体学的一种辨析。本来，"以无韵者为笔，有韵者为文"（刘勰《文心雕龙·总术》），"文"是比较感性的文体，而"笔"是相对理性的文体。但近世西学东渐，出现了"随笔"与"论文"的文体概念，却有了完全不同的含义。"随笔"指文艺性、感性的书写，"论文"专指逻辑性、理性的文体。

我"杜撰"的"论笔"，意思是提倡一种随笔文章其形而有论文之实的文体，或者说"做论文"要和"写文章"水乳交融。其特点是研究和写作都要突出"灵感"和"悟性"，"逻辑"是内在而非外在的，还要讲究行文措辞的"笔法"，而不呆板地标榜所谓"学术规范"。因为说到根本上，中华文化是艺术型感悟型文化，不是科学型逻辑型文化，太着相于表面的逻辑和"科学"，对中华文化孕育出的传统文本往往隔靴搔痒而难摘得其骊珠。

北京师范大学文艺学研究所所长赵勇教授，与笔者切磋，撰写鸿文《作为"论笔"的文学批评——从阿多诺的"论笔体"说起》，更使"论笔"上层楼而"日日新"了。

禅其实是中华文化吸收印度文化后的一种卓越创造。说到底，禅是中华文化的一部分，也可以说是其神髓。而《红楼梦》，更是中华文化的一个杰出的文本象征。禅与《红楼梦》，它们的交会、它们的关系，其实就是中华文化本身丰富内涵的发越显露。因此，将《"红学"何以应定位于"新国学"的思考》作为附录，有助于对正文的理解。

2006年6月于大连

补记：

本书于2007年3月由中国人民大学出版社出版，后并重印。此次基本无大的修订，只有个别字句的润色，并按照编辑的建议，加上一些小标题作为提示，且把段落分得更小，以方便读者阅读。禅学和红学本质上都是智慧灵悟，不是学问，明乎此，也就明白不需要大规模修订的个中缘由了。

2017年7月7日

目录

宝玉悟禅因缘起

贾宝玉卷入姐妹情感纠纷而参禅

让我们首先从《红楼梦》第二十二回谈起。

这一回的回目叫《听曲文宝玉悟禅机，制灯谜贾政悲谶语》。故事说贾母为薛宝钗过生日，叫了一个戏班子演戏，宝钗很会迎合贾母老年人的审美心理，专点打斗热闹戏，其中有一出是《鲁智深醉闹五台山》。

宝玉是个诗人型的情痴，喜欢诗意抒情的戏文，就对宝钗抱怨说："只好点这些戏。"宝钗回答说："你白听了这几年的戏，那里知道这出戏的好处，排场、词藻都好呢。"宝玉说："我从来怕这些热闹。"宝钗笑道："要说这一出热闹，你还算不知戏呢！你过来我告诉你这一出戏热闹不热闹。是一套'北点绛唇'，铿锵顿挫，那音律不用说是好了，只那词藻中有一支《寄生草》，填的极妙，你何曾知道？"这引起了宝玉的兴趣，央告宝钗念出来。宝钗就念了下面这支曲子：

慢揾英雄泪，相离处士家。谢慈悲，剃度在莲台下。没缘法，转眼分离乍。赤条条，来去无牵挂。那里讨，烟蓑雨笠卷单行？一任俺，芒鞋破钵随缘化。

后面凤姐说有一个小戏子扮起来像一个人，大家都知道是指黛玉，怕黛玉不高兴，都只笑而不言。湘云心直口快，说了出来。宝玉给湘云使个眼色。结果后面湘云和黛玉都怪怨宝玉，宝玉"细想自己原为他二人怕生隙恼，方在中调和，不想并未调和成，反自己落了两处贬谤。正与前日所看《南华经》上有'巧者劳而智者忧，无能者无所求，饱食而遨游，汎若不系之舟'，又曰'山木自寇，源泉自盗'等语。因此越想越无趣，再细想来，目下不过这两个人，尚未应酬妥协，将来犹欲何为？"

后来袭人劝解，说："这是怎么说，好好的大正月里，娘儿们姊妹们都喜喜欢欢，你又怎么这个行景了。"宝玉冷笑道："他们娘儿们姊妹们欢喜不欢喜，也与我无干。"袭人又笑道："他们既随和，你也随和，岂不大家彼此有趣。"宝玉道："什么是大家彼此？他们有大家彼此，我是赤条条来去无牵挂。"谈及此句，不觉泪下。宝玉再细想这一句的趣味，不禁大哭起来。翻身起来至案遂提笔立占一偈云：

你证我证，心证意证。是无不证，斯可云证。无可云证，是立足境。

写完了，又填了一支《寄生草》曲子：

无我原非你，从他不解伊。肆行无碍凭来去。茫茫着甚悲愁喜？纷纷说甚亲疏密？从前碌碌却何因？到如今，回头试想真无趣。

宝玉"自己又念了一遍，自觉了无挂碍心中自得，便上床睡了"。

宝玉悟禅历程分析

这是宝玉悟禅的前半段，表现宝玉从与姊妹情感纠纷的体验，上升到对人生意义的反思，触发禅机，获得"觉悟"。宝玉这种思想情感的体验，分析起来，有以下几个阶段：

一、自己怕湘云得罪了黛玉，于是维护二人的关系，调解二人的情感冲突，本是一片热心肠。这说明宝玉的情感太丰富，总是对别人抱有一腔深情，为他人打算，而没有任何自己的利害权衡。

二、谁知自己对别人的好意不仅没有达到预想的结果，反而使两方面都对自己不满，惹出了无限的烦恼。他急得对湘云说："我到是为你，反为出不是来了。我要有外心，立刻化成灰，叫万人践踏。"而湘云并不领情，反唇相讥："大正月里少信嘴胡说。这些没要紧的恶誓散话歪话，说给那些小性儿、行动爱恼的

听曲文宝玉悟禅机（清·孙温绘）

人，会辖治你的人听去，别叫我啐你。"

同时黛玉也责怪宝玉："你为什么又和云儿使眼色？这安的是什么心？莫不是他和我顽他就自轻自贱了，他原是公侯的小姐，我原是贫民的丫头，他和我顽，设如我回了口，岂不他自惹人轻贱了呢？是这个主意不是？这却也是你的好心，只是那一个偏又不领你这好情，一般也恼了。你又拿我作情，到说我小性儿，行动肯恼。你又怕他得罪了我恼他，我恼他与你何干？他得罪了我，又与你何干？"

三、宝玉因这种感情遭受误解的经历，想到多情反被无情恼是人生的根本状态，这样的人生有什么意义呢？"因此越想越无趣。"

四、宝玉顺着这个思路想下去，就感到情感其实是不值得依靠的，也就是情感并不能作为人生的价值根据和意义寄托。人和人之间难以获得心灵上的真正互相了解。情感是靠不住的，很虚无的。自己的热情也只是累赘。人生活在世界上十分孤独，这是人的根本命运。

他因此从人生的终极意义上体验到了"赤条条来去无牵挂"这句戏文的真实和残酷，那种真正的冰冷无情。这太让人悲哀了，因此"不觉泪下"，再仔细品味体验，就"大哭起来"。

五、宝玉的哭，是形而上的哭，是哲学、宗教性质的悲哀，是为人生的价值虚无而痛苦。

六、但就这样沉浸在痛苦中，岂不太让人难以忍受了？要怎样才能从这种让人痛苦的感情中获得解脱呢？这时，禅起作用了，宝玉"立占一偈"，并又填了一支曲子。

七、禅宗真的让宝玉获得了精神的解脱，他"自觉了无挂碍心中自得"，心变得平静，"上床睡了"。

从佛教义理看宝玉悟禅

按照这种情节发展，贾宝玉真的从禅宗"明心见性"了，达到了佛教一切皆空的宗旨。偈语翻译成易懂的语体文，是：你的印证就是我的印证，心理的印证就是情意的印证，如此就达到了无所不印证的境界，这才叫作得到了印证。而什么也无须印证时，才有了不可动摇的立足之地。

"是无不证"一句依照的是俄罗斯圣彼得堡本《石头记》，其他各本作"是无有证"，周祜昌、周汝昌、周伦玲合校《石头记会真》认为："'不'字草写形讹为'有'字。"

而《寄生草》曲子和偈语异曲同工，也是表示看破红尘超脱世俗感情纠缠的意思。"无我原非你，从他不解伊。"表面上，这里的"我""你"和"伊"（他），有点指宝玉、黛玉和湘云的意思，实际上已经上升为一种抽象的概念符号，表达一种禅理，即"我"是虚妄的，"你"也不存在，不管"伊"还是"他"，都是本来没有的，不值得苦苦执着追求。

懂得了这一点，人就超脱了，不会再因感情的悲喜、关系的远近而苦恼，这就是"肆行无碍凭来去。茫茫着甚悲愁喜？纷纷说甚亲疏密？"达到了这种境界，就会意识到过去的琐碎情感纠缠十分可笑，因而发出感叹："从前碌碌却何因？到如今，回头试想真无趣。"

《金刚经》的第三十二品这样曲终奏雅、画龙点睛："一切有为法，如梦幻泡影，如露亦如电，应作如是观。""佛说是经已，长老须菩提，及诸比丘、比丘尼、优婆塞、优婆夷，一切世间天、人、阿修罗，闻佛所说，皆大欢喜，信奉受行。"

《涅槃经》卷二十则说："杀空得实，杀于无我而得真我。"

"四圣谛"之苦、集、灭、道

从佛教基本教义来说，宝玉的悟禅体现了"苦、集、灭、道"的"四圣谛"。

所谓苦谛，是说包括人在内的众生，其生命过程就是苦，有烦恼、困惑、悲哀、痛苦等。方立天在《佛教哲学》[①]中说："苦的含义，主要不是指生理上和感情上的痛苦，而是泛指精神的逼迫性，即心理意识上的逼迫恼忧的意思。佛教认为，一切都是变迁不息的、无常的，广宇悠宙，不外苦集之场。由于众生不能自我主宰，为无常患累所逼，不能自主，因此没有安乐性，只有痛苦性。生命的无常，是生命的痛苦的根本原因和基本标志。"

佛教所说的苦，有二苦、三苦、四苦、五苦、八苦乃至一百一十种苦等无量诸苦，但最常见的说法是所谓八苦：生苦、老苦、病苦、死苦、怨憎会苦、爱别离苦、求不得苦、五取蕴苦。

人类心灵存在选择意识、情感需要，人总是贪恋所爱的、舍弃所憎的。佛教突出宣扬爱别离苦和怨憎会苦，正是意识到人不是孤立的，人处在人际关系之中，有怨有爱，有怨会爱离

---

① 方立天：《佛教哲学》，中国人民大学出版社，1991年。本节概述佛教基本概念，多参取此书，行文中不再一一注明。

之苦。这种主体情感的分裂、冲突，确是人生的重大痛苦，也是人类心灵世界的永恒主题之一。在社会关系中感情失去平衡，是人生的莫大痛苦，也是人们追求虚幻的来世幸福、彼岸天堂的导因之一。

宝玉的苦恼看来更深刻一些，它是从爱别离苦衍伸出来的，不仅爱别离是苦，连爱相聚也是苦。宝玉对黛玉和湘云都有感情，对她们二人都很关心，但由此也产生了苦恼。人类的感情、心灵的确复杂，纷纭万分。可以说这也就是五取蕴苦，又称"五蕴盛苦"。"蕴"也作"阴"，是聚积的意思，即同类相聚，内容复杂、性质相同的合为一类，称为"蕴"。

"五蕴"包括身心两个方面，共五类："色"，物质，指人的肉体；"受"，指感官生起的苦、乐、喜、忧等感情、感觉（名曰"情"）；"想"，是指理性活动、概念作用（名曰"智"）；"行"，专指意志活动（名曰"意"）；"识"，统一前几种活动的意识。

五蕴与"取"（指一种固执的欲望、执着贪爱）联结在一起就产生种种贪欲，称为"五取蕴"。这里，"取"即执着，是关键。有了五取蕴就会产生苦，生、老、病、死、憎会、爱离、所求不得七苦天天向着五蕴进攻，人的身心盛着众苦，称为"五蕴盛苦"。

佛教宣扬求不得苦是前六种痛苦的总原因。求不得之所以成为苦，又是由于五取蕴。五取蕴是因中之因。在八苦中，五取蕴苦既是其他苦的根源，又是一切苦的聚集。中国僧人更是附会说，人的面容就是苦字形：眼眉是草字头，两眼和鼻子合成十字，嘴就是口字。

总之，人生在世就是苦，有了感情就会带来无穷的苦。庚辰本第二十二回有两条脂批，对这种感受也可谓点评得一针见血：“宝玉是‘多事所误’。”“看他只这一笔，写得宝玉又如何用心于世道——言闺中红粉尚不能周全，何碌碌惜欲治世待人接物哉？——视闺中自然如儿戏，视世道如虎狼矣。谁云不然？”

集谛的“集”，乃集合之意。集谛就是说一切事物和现象都是由条件集合而成，苦也是由各种条件集合而成。寻求探索苦的根源和原因，就是集谛的内容。将集谛说展开则成为十二因缘说，十二因缘说又和轮回说互相联系。十二因缘分别是无明、行、识、名色、六处（六入）、触、受、爱、取、有、生、老死。十二个环节辗转感果（互相感触生发，产生结果），所以成为因；互为条件，所以称为缘。

十二因缘说明了众生生生死死的因果联系，强调十二个环节按顺序组成因果循环链条，任何一个有情识的生命个体，在没有获得解脱以前，都遵从这个因果律，“生生于老死，轮回周无穷”。

十二因缘的理论枢纽是无明、爱、识和有。无明是其中最重要的环节。

无明缘行：“无明”指愚昧无知——佛教特指不懂佛教的四谛说等佛理，因而妨碍智慧的开发。

行缘识：“识”指脱胎时的心识、精神活动，“缘”就是“因”“由”。由意志活动作牵引力，使识向与意志活动于相应的处所投生。

触缘受：“受”指感受。由于年龄增长，心识逐渐发达，认识器官和外境相接触时，能够领受外界的反作用，而产生苦、乐、不苦不乐的三种感受。

爱缘取：爱包括渴爱、情爱、欲爱、挚爱，指渴望、贪爱、贪欲。人进入青年时代，就会对外界事物产生感受，进而产生贪爱，如贪求生命和繁殖生命的乐趣，追求财富、权势和名望等。

取缘有："有"指"业"，即思想行为。由于执取而有种种思想行为，这些思想行为是能产生当来果（必然后果）的善恶业，故名"有"。

灭谛的"灭"，是指人生苦难的灭寂、解脱。这是人生的理想归宿，也可以说是最高境界和最终目的，或者说是佛教徒追求的方向和目标。灭谛也称为"爱灭苦灭圣谛"和"苦尽谛"。爱，就是贪欲。只有灭尽贪欲才能从根源上灭除痛苦。灭谛是阐述灭尽贪欲、灭除痛苦、不再生起的道理。

按照原始佛教，灭谛成功，则可以达到最高的理想境界——涅槃。涅槃的最初意义就是寂灭，也就是彻底消灭。涅槃是梵文音译，鸠摩罗什翻译成"灭"或"灭度"，意思是消灭烦恼，从根本上消灭生死的因和果。唐玄奘翻译为"圆寂"，就是圆满寂静，不可变坏。圆寂就是说涅槃体周遍一切，真性湛然。

涅槃通常分为有余涅槃和无余涅槃。前者不彻底，是初级阶段，虽然断除了贪欲和烦恼，但作为前世惑业造成的果报——身即肉身还在，仍然活在世间，也还有思想活动。后者彻底，是高级阶段，不仅灭除了生死的因，也灭除了生死的果，即不仅原来的肉体不存在了，而且思想也没有了，毁身灭智，生死因果都尽，不再受生。

大乘佛教中观学派的一个创始人龙树，反对小乘佛教以无余涅槃为追求的最高境界，提出了新的主张。他认为涅槃和世间的本性是一致的、无差别的，两者都是"空"，也都是不可言说的"妙有"。他批评小乘佛教不懂这个道理，厌恶和离弃世间，去追求超世间的涅槃，反而永远不能真正达到涅槃。龙树说众生所追求的目标应该是正确认识一切事物的"实相"（本来面目），并加以运用，是"显示实相"。涅槃境界就是对实相的认识和运用，叫"实相涅槃"。

实相涅槃的内容有两个要点。一是从实相看，世间事物是流转生灭的，而涅槃是超出流转生灭的，但世间一切现象是毕竟空，以空为实相，涅槃本性也是毕竟空，两者都是空，这样就可以说世间与涅槃是一回事，世间事物的实相就是涅槃的内容。

龙树说："涅槃与世间，无有少分别，世间与涅槃，亦无少分别。涅槃之实际，及与世间际，如是二际者，无毫厘差别。"

人如果缺少智慧，就会对事物产生颠倒分别，从而招来痛苦。如果能体会一切事物本来和人们的主观执着无关，并没有所谓实体，就会体会到"空"（无自性），也就还原了事物本来寂静的面目，这样也就达到了实相涅槃境界。

二是为了达到实相涅槃境界，必须永远不能停顿。这是因为一切事物都互相联系，人也是如此。人类是一个整体，不只是个体，不能单独行动，而要全体都行动起来，自利利他，甚至要以他为己，把自己融合在众生的汪洋大海中。这样在趋向涅槃的道路上，就会觉悟到有不少事要做，普度众生的事永远不可以停下来，也永远做不完，即使自身的觉悟已经达到了佛的境地，由于发愿要普度众生，也绝不进入无余涅槃。这就是所谓"以大智故，不住生死；以大悲故，不住涅槃"。

这样，按照世间的实际而行动就是践行涅槃。相应地，这种践行涅槃是一个过程，一个逐渐由染污（即污染）转为清净、驳杂再转为纯粹的过程。后来无著、世亲进一步提出了"转依"，来代替解脱。转，转变；依，所依。这是指与生俱来的而且相继不断的意识状态（藏识）。转依就是解决意识方面的认识问题，就是通过转变认识，影响行为，进而改变客观环境。

人们在修持过程中，如果能让清净的概念和认识逐渐代替染污的概念和认识，进而让整个认识改变，那么会带来行为的改变，而行为的改变又会带来环境的改变。这样，人生也就从染趋净，逐渐转变，终至染尽净满，身心面貌彻底改观，也就达到了转依，实现了涅槃。

大乘与小乘佛教的义理分歧

大乘佛教反对小乘佛教否定常、乐、我、净为人生基本要求的消极看法，而强调涅槃境界具有常、乐、我、净四种美好属性，甚至有常、恒、安、清凉、不老、不死、无垢、快乐八种行相，主张追求和实现人生真正的常、乐、我、净。

方立天教授总结说：

小乘佛教以"虚无绝灭"为涅槃的内容，这是无视人生在宇宙中的地位和意义，否定人生应有的积极奋斗的精神，表现了对人生的悲观估计和消极无为的态度。大乘佛教中观学派以一切事物的实相为涅槃的内容，而实相被归结为非有非无的毕竟空，这是拐弯抹角地否认客观世界的真实性。他们以悟解客观世界的不真实为最高的精神境界，不能不说是一种神秘主义的唯心论。但是中观学派把世间与涅槃打成一片，取消现实世界与彼岸世界的鸿沟，缩短人与佛的距离，这实际上又增加了涅槃学说的现实内容。大乘佛教学者主张研究为世间服务的知识，如天文、地理、医学、工艺等，这不仅影响了佛教的方向，也影响了文化的发展。

"四圣谛"之道

道谛的"道"，指道路、途径、方法。所谓道谛，就是引向灭除痛苦、证得涅槃的正道。释迦牟尼不赞成当时印度其他流派修道的种种主张和方法，他不相信苦行主义的自我虐待，认为单纯的禁欲并无价值，也无益；他也反对纵欲主义，认为这更不能摆脱痛苦的纠缠；他也不要求人们信奉天神、祈祷和祭祀，认为这对于接触现实的苦难不起作用；他还认为冥思苦想，诸如探求宇宙和万物的起源结局问题，也没有什么意义。这些都不能带来真正的觉悟、解脱。

释迦牟尼在初次说法时就提出了不苦不乐的中道主张，共八项，称为八正道。后来随着佛教的发展，又增加了四念处、四正断、四神足、五根、五力、七觉支，合称七科三十七道品。

道品，又作菩提分、觉支。三十七道品也称三十七菩提分。即是说，达到成佛的觉悟，证得涅槃的途径，共分为七类三十七项。在七类中，最重要的是八正道，八正道又被归结为戒、定、慧三学。后来大乘佛教还提出菩萨行——四摄、六度的学说。

八正道与戒定慧

八正道是正见、正思维、正语、正业、正命、正精进、正念、正定。八正道分两类：一是精神生活，以正见为主，正思、正念、正定为辅；二是物质生活，以正命为主，正业为辅。正语、正精进则是精神和物质生活双关的。

正见和正命分别是佛教徒的精神生活和物质生活之主要点，在八正道中具有核心意义。后来大乘佛教又特别强调正思维的智慧作用，认为正思维是获得一切善、根除一切恶的法门，是进入涅槃的关键。八正道只重视个人的解脱，不多谈对他人的慈悲。大乘佛教则强调慈悲。

八正道归结为戒、定、慧三学，其中正语、正业、正命属于戒，正念、正定属于定，正见、正思属于慧。正精进是就学佛的态度而言的，是全面的，但正精进也是慧的一种表现，可以归属于慧。戒、定、慧三学是学佛者修持的全部内容。

戒是纯洁行为，庄严操守，为定、慧打下基础。再通过定，即调练心意的功夫，而生起智慧。这也就是所谓"依止于戒，心乃得定；依止于定，智慧才生"。

三学中，慧是根本，以慧为主体，戒、定是方便法门。戒、定、慧三学不是孤立的，纪律、功夫和智慧是相辅相成的关系，三者是内在联系的。

小乘佛教严格区分戒、定、慧，大乘佛教则将戒和定都归属于慧，三学合成一体。小乘佛教讲戒和定，是当作机械的规范，大乘佛教则是强调提倡方便，灵活地运用戒和定。

贾宝玉悟禅的情节进展

在对佛教的构架梗概作了一番粗略的介绍后，我们回到《红楼梦》第二十二回的文本。那么，曹雪芹真的是要写贾宝玉觉悟到人间的一切"如梦幻泡影，如露亦如电"，勘破"情"之虚妄也"应作如是观"吗？

我们接着看第二十二回的情节发展。

黛玉见宝玉果断而去，反而心中忐忑，借口来看花袭人，到宝玉的房间观察动静。宝玉已经睡着了，袭人就让黛玉看宝玉写的偈语，还有那支《寄生草》曲子。

黛玉就拿了偈语和曲子，去和宝钗、湘云一起看。原来黛玉和湘云早就和好了，本来是一时的感情纠缠，转眼间就自然消解了。由于这支曲子是明显模仿鲁智深唱的曲子，而鲁智深唱的曲子是宝钗念给宝玉听的，宝钗就忏悔说："这个人悟了。都是我的不是，都是我昨日一支曲子惹出来的。这些道书禅机最能移性，明儿认真说出这些疯话来，存了这个意思，都是从我那一支曲子来，我成了个罪魁了。"宝钗把宝玉写的偈语和曲子撕了个粉碎，让丫头去烧了。

原来，在儒、佛、道三足鼎立的传统社会里，儒家家族伦理本位的入世思想才是全社会认同的主流意识形态，佛、道二家的出世思想只能作为社会精神生活的支流和补充。作为那个时代的青年人，应该以传宗接代、获取功名以光宗耀祖作为自己的义务和责任，不应该认真参究佛、道的出世思想，更不能真的去践履，出家当和尚作道士。那就背离了那个社会的根本宗旨——忠和孝了。

黛玉批偈解宝玉（清·孙温绘　局部）

因此，宝钗，还有黛玉和湘云，都是遵循这种"社会共识"的，一看到宝玉认真参禅，立刻都表示反对，要消除他这种不合主流意识形态的思想，赶快把它"扼杀在萌芽中"。

黛玉和宝玉的感情最深，对阻止宝玉参禅悟空也最自信，她笑对宝钗说："不该撕，等我问他。你们跟我来，包管叫他收了这个痴心邪念。"说参禅是"痴心邪念"，这正是儒家入世观念才算社会主流意识形态的理所当然的表白，是全社会无须争论的集体下意识。

黛玉和宝钗的禅家机锋

黛玉、宝钗和湘云一起来找宝玉，黛玉是对阵宝玉的主力，她笑问宝玉："宝玉我问你，至贵者是宝，至坚者是玉，你有何贵？你有何坚？"

黛玉这么问，就是禅家所谓机锋。宝玉一时之间回答不出来。黛玉、宝钗和湘云三个人就"拍手笑道"："这样愚钝，还参禅呢！"黛玉又道："你那偈末云：'无可云证，是立足境。'固然好了，只是据我看，还未尽善。我再续两句在后。因念云：'无立足境，是方干净。'"

宝钗接着说："实在这方悟彻，当日南宗六祖惠能初寻师至韶州，闻五祖弘忍在黄梅，他便充役火头僧。五祖欲求法嗣，令徒弟诸僧各出一偈，上座神秀说道：'身是菩提树，心如明镜台；时时勤拂拭，莫使有尘埃。'彼时惠能在厨房碓米，听了这偈说：'美则美矣，了则未了。'因自念一偈曰：'菩提本非树，明镜亦非台；本来无一物，何处染尘埃。'五祖便将衣钵传他。今儿这偈语，亦同此意了，只是方才这句机锋，尚未完全了结，这便丢开手不成？"黛玉笑道："彼时不能答就算输了，这会子答上了也不为出奇。只是已后再不许谈禅了。连我们两个所知的所能的，你还不知不能呢，还去参禅呢！"

在黛玉和宝钗的夹攻下，果然让宝玉从参禅的情境中摆脱出来了。宝玉自己以为觉悟，不想忽被黛玉一问，便不能答。宝钗又比出语录来，此皆素不见她们能者。自己想了一想，原来她们比自己知觉的在先，尚未解悟，自己如今何必自寻苦恼？于是宝玉就笑着自我解嘲："谁又参禅，不过一时顽话罢了。"

宝玉为什么被黛玉一问，又经宝钗一说，就一下子放弃了参禅悟道呢？参禅究竟是怎么回事呢？这就需要对禅做一点介绍。

借花献佛禅何物

禅到底是什么

我们还是偷点懒，先借助和引录一些比较流行的、现代的说法，借石攻玉，借花献佛，也算"方便法门"吧。

张中行老人写有一本《禅外说禅》，他这样介绍"禅的泛义"：

禅是梵语Dhyāna的音译化简，全译是禅那；意译，早期是思惟修，后来是静虑，也可既音又义，称为禅定。这是一种修持方法，用现在的话说，是用深入思索的办法改造思想。与现在不同的是强调静，强调定（不是通过劳动），就是要安安静静地坐着思索。思索什么？具体说花样很多，如有色欲，就要修不净观，静坐思索，确认所爱是骷髅，遍身血污。概括说是思索，原有的感知都错了，只有教义所讲（外界的实质，人生的真谛）才是尽真尽善尽美。①

杜继文和魏道儒撰写的《中国禅宗通史》则如是说：

禅，本是梵文"禅那"（Dhyāna）的简称。鸠摩罗什译作"思维修"，即运用思维活动的修持；玄奘意译为"静虑"，即宁静安祥地深思。此外还有其他一些译法。《俱舍论》卷二十八："依何义立静虑名？由此寂静能审虑故。审虑即是实了义。"又说："诸等持内，唯此摄支，止观均行，最能审虑。"这些解释说明，"禅那"只是"诸等持""寂静"中的一种。②

潘桂明所著《中国禅宗思想历程》解释得更具体详细一点：

"禅"，梵语Dhyāna（禅那）的简称。《慧苑音义》卷上："禅那，此云静虑。谓静心思虑也。"《瑜伽师地论》卷三十三："言静虑者，于一所缘，系念寂静，正审思虑，故名静虑。"它渊源于印度远古的吠陀时代。至《奥义书》时代"瑜伽"（yoya）尤被重视。业、解脱、瑜伽，三者构成古代印度哲学的重要内容。"瑜伽"，意谓静坐调心，制御意念，超越喜忧，体认"神我"，以达"大梵"境界，实即禅定的修养方式。瑜伽的修行，纯属内观亲证的范畴。《禅定点奥义书》云："练体与制气，敛识与持意，静虑三摩地，瑜伽六支也。"此中"静虑瑜伽"即为修禅定。

① 张中行：《禅外说禅》，黑龙江人民出版社，1991年，第93页。
② 杜继文、魏道儒：《中国禅宗通史》，江苏古籍出版社，1993年。

《瑜伽顶奥义书》中说，通过静虑瑜伽的修行，最终可以销弭一切罪孽，摆脱轮回："千世再转生，无由销罪孽，独以瑜伽见，轮回从此绝。"汤用彤先生指出："《奥义书》之大义，可以一言以蔽之，即梵即我是也"；"梵即我，我即梵，此之谓奥义，深密不可言说"。又《诃萨奥义书》云："十臻超上梵，梵自我合一。"《唱赞奥义书》云："是彼为至精微者，此宇宙万有以彼为自性也。彼为'真'，彼为'自我'，彼为尔矣！""此则'自我'也，是永生者，是无畏者，是即'大梵'。而此'大梵'之名，则'至真'也。"上述所引，都是对"梵我合一"的表述。"梵"（"大梵"）者，世界的本质，宇宙的最高主宰，思维的真实对象；"我"（"自我"）者，人类固定不变的本质，独立存在的主体，绝对的主观精神。"梵我合一"者，从宇宙之内唯有"梵""我"，人的本质无异于世界的精神这一原理出发，将宇宙的精神求之于个人的自我。静虑瑜伽的指导原则和最终目的，便是达到"自我"与"大梵"契合而为一体，取得解脱。[①]

那么，最直截了当地说，禅的语源来自印度的佛教文化，是梵语的音译，基本概念就是通过静静的思索来修炼，以达到看破红尘的境界。

禅的中国文化特色

后来，"禅"成了有特定含义的一个字，特指佛教传到

① 潘桂明：《中国禅宗思想历程》，今日中国出版社，1992年，第11—12页。

中国以后，与本土的道家、道教、儒家等思想交融、影响、化合而产生的一种佛教流派，成了一种"有中国特色"的佛教文化。禅的起源、发展、演变，也形成了一种据说渊源有自、代代承传的谱系。

按照这种谱系，禅的产生，就是"拈花微笑"和"心心相印"两个成语的来历。《五灯会元》卷一：

> 世尊在灵山（印度王舍城东北四五里处，名灵鹫山，又名鹫峰——引者）会上，拈花示众。是时众皆默然，唯迦叶尊者破颜微笑。世尊曰："吾有正法眼藏，涅槃妙心，实相无相，微妙法门，不立文字，教外别传，付嘱摩诃（意思是大——引者）伽叶。"

《五灯会元》是宋代普济所撰写的传灯录，就是世代相传的高僧（主要是中国高僧）们的传记。这是中国僧人的著作，并不是印度佛教的原典。所以，这个佛祖拈花微笑、不立文字、教外别传的故事，很大程度上是中国文化对佛教的一种"节外生枝"的创造。

进一步的演义是：从摩诃迦叶尊者开始，印度的禅宗据说经历了二十七代人，到第二十八代祖师，就从印度来到中国，就是菩提达摩。（《五灯会元》作达磨，后来也写作达摩，称为中土禅宗初祖。）

当然这只是"演义"，其实禅在印度只是一种修行方法，并非独立的宗派，所以不会有禅宗。中国社会科学院宗教研究所佛教研究室主编的《佛教文化面面观》就说："西天根本没

清刻《达摩东渡图》　　　　清刻《达摩面壁图》

有'禅宗'一说，禅宗是中国独有的宗派。排除这些虚构成分，菩提达摩实有其人，据说他本是南天竺僧人，在南朝宋末航海到广州，又往北魏，在洛阳、嵩山等地游历并传禅学。"

　　据说，达摩从海路到广州，去金陵（南京）见梁武帝。梁武帝信佛教，却领悟不了达摩的说法，达摩就去洛阳嵩山少林寺面壁九年，然后将衣钵心要传给了大弟子慧可（原名神光），这是有名的"安心"故事：

　　可曰："诸佛法印，可得闻乎？"祖曰："诸佛法印，匪从人可良久得。"可曰："我心未宁，乞师与安。"师曰："将心来，与汝安。"曰："觅心了不可得。"祖曰："我与汝安心竟。"

徐文明《中土前期禅学思想史》考证后认为：

达摩来华年代，道宣称其"初达宋境南越，末又北渡至魏"，表明达摩是宋时（479年前）来华，后又到北方魏国的。而《宝林传》（《传灯录》同）却称其于梁普通八年丁未岁（527）九月来华，其年北渡至魏。两种说法差距很大，难以调和。

……达摩至宋后停留了十九年，北魏太和十年北渡到魏，诲人禅教，教弟子僧副。在魏数十年，其间主要游化于嵩洛一带，并曾游洛阳永宁寺、修梵寺等佛寺。梁普通八年（527），闻梁武帝好大乘，便又南下梁土，见梁武帝，因武帝不契其意，其年便再次北渡，住锡嵩山少林。

因达摩两次均于丁未岁至江南，故后人混其史事，认定其于梁武帝普通八年丁未岁始至南方，其实这只是再次至南方，并非始至。……达摩生于晋废帝太和五年（370），卒于梁武帝大同二年（536），寿167岁。[1]

从慧可往下数，是三祖僧璨、四祖道信、五祖弘忍，然后就是神秀和慧能（也作惠能）争衣钵的著名公案。最后慧能成了六祖，达到了禅宗的鼎盛。

这当然是按照"南宗禅"或"顿教"的习惯说法，其中有传说的成分，如达摩如此长寿，不一定确实，但也无法深究。后来敦煌发现了《楞伽师资记》，胡适博士写了《楞伽宗考》《菩提达摩

---

[1] 徐文明：《中土前期禅学思想史》，北京师范大学出版社，2004年，第79—82页。

考》《荷泽大师神会传》等考证文章，说在禅宗的真实历史前面有许多曲折，主流是主渐悟的楞伽宗而不是主顿悟的禅宗，后面则神秀是正统，慧能是旁枝，只是慧能的大弟子神会本领大，创作了影响巨大的《六祖坛经》，才最终确立了后来流行的那个传灯谱系。

张中行总结说：禅宗南统取代楞伽宗的过程，其所以能顺利完成，胡适博士认为应归功于神会的才学和胆量。其实，个人的才力终归是助因，主因应该是，顿悟的设想简便易行，适合更多人的口味。犹如飞机与火车对比，如果飞机票比火车票还便宜，为了早到目的地，人人都会坐飞机，火车站的售票处自然就被人冷落了。

禅之本旨何在？

《红楼梦》第二十二回《听曲文宝玉悟禅机，制灯谜贾政悲谶语》，宝玉悟禅，黛玉用机锋诘难宝玉，宝钗讲慧能和神秀争夺五祖传法衣钵的偈语公案，就都是按照南宗禅为正统的习惯性说法。我们要谈《红楼梦》与禅，也就不能脱离这个文化背景，当然大家不妨知道，禅宗的真实历史演变更为曲折复杂。

慧能以下的"传灯"，从二世南岳怀让、青原行思，三世马祖道一、石头希迁，四世百丈怀海，接下来是"五家七宗"，即沩仰宗、临济宗、曹洞宗、云门宗、法眼宗、杨岐派、黄龙派。这些宗派的活跃时期都在唐朝和宋朝。"宋以后，禅宗更成为强弩之末。这并不是因为徒众少，而是因为生活越来越世俗化。佛教的本旨是出世法，生活离世俗近，当然就离教义远了。"（张中行《禅外说禅》）

禅之本旨何在？或者说，禅宗，特别是按照顿悟一派的主张，所谓禅究竟是怎么回事？

葛兆光在《禅宗与中国文化》中说：

中国禅宗有哪些特点呢？

首先，它有一个关于"梵我合一"的精致周密的世界观理论。在中国禅宗看来，我心即佛，佛即我心，世界万物、客体主体、佛我僧俗、日月星辰、山河大地，无非是我心幻化，如果没有了我心，哪里还有什么世事沧桑，哪里还有什么日月星辰。中国禅宗的真正奠基者六祖惠能有这么一个故事，一天，印宗和尚问大众，风吹幡动，究竟是风动呢？还是幡动？大众议论纷纷，有的说是风动，有的说是幡动，混在大众中的惠能挺身答道：风也不动，幡也不动，是人心自动。使印宗和尚大为吃惊。

其次，它有一套自心觉悟的解脱方式。要达到梵我合一的境界，必须坐禅渐修或者心下顿悟。而无论是渐修还是顿悟，都需要发掘人本来就有的佛性——本心。只要认识到"我心即佛""我心即山河大地"，就能彻悟佛法真谛。无论是北宗禅还是南宗禅，都承认这一点，如唐代张说的《荆州玉泉寺大通禅师碑》说"发慧之后，一切皆如"，就是说人如果本心彻悟之后，一切都是真如智慧，这是北宗禅的说法；惠能的《坛经》则说"识心见性，自成佛道"，同样说的是人如果认识到本心，发现真性，便自然成佛了道，这是南宗禅的意见。所以禅宗尤其是南宗禅贵自求不贵他求，重自我解脱不重外在力量的帮助解脱，惠能说："汝等诸人自心是佛，更莫狐疑，外无一物而得建立。"后来的禅僧比喻得更绝，《赵州语录》说"金佛不度炉，木佛不度火，泥佛不度水，真佛内里坐"，真佛就是指自己的本心，每个人都有的佛性。《临济语录》则斥责那些求助行善事、造浮屠等外在功绩以求解脱的人是"自家屋里物不肯信，只管向外觅"。

再次，它有一套"以心传心"的直观认识方法。本心人人皆有，禅定个个都会，只是要达到"梵我合一"。可达到这种"无内无外"、虚幻神秘、万象森列而又一切皆空的境界，绝非语言文字可以析解，也绝不是手把手可以教会的。在禅宗看来，达到这一境界的标志之一，是万物同一，梵我同一，心物同一，一切皆空。……在梵我合一的境界里，万象混一，归于本心，因此，任何语言文字都不能表达，只能靠人的内心的神秘的体验，从总体上直觉地去领会，这就叫作"以心传心，皆令自解自悟"（《坛经·行由品第一》）。一旦用了语言文字，就叫有"滞累"，因为语言文字的表达能力有限，每一个语言文字符号都有明确的规定性，而这种规定性便使被表达事物固定化了，而禅宗的潜意识思维是"上穷碧落下黄泉"，无边无际，无内无外，八面横通的。[①]

徐文明则在《中土前期禅学思想史》中说：

究竟什么是禅，禅的意义何在呢？在探究和追寻什么是禅时，显然所追问的既不是禅的定义，也不是具体的禅法，而是禅道、禅境和禅趣。

禅是安宁，是平静、寂静止。当我们排除了欲望的干扰，使躁动不安的心平静下来之后，便开始接近禅的境界。禅即"静虑"，

---

① 葛兆光：《禅宗与中国文化》，上海人民出版社，1986年，第7—9页。

禅即"一心"，是心灵的宁静和专注，犹如无波的古井，亦如万籁无声的夜晚。当我们远离世间的喧闹，放下名利的追逐，摆脱感情的纠缠，让心灵获得片刻的宁静之时，就会领略到美妙的禅趣。在田间的小径上，在寂静的山林中，在落日的余晖下，在皎洁的月色里，那一分静谧，那一分清幽，都在告诉我们什么是禅。

禅即自然，万物自然，不是神灵的创造，不受王命的左右，自己按照自己的意志，沿着自己的轨道运行，不受左右，也不去左右他物。禅亦如是，自然而得。自然即是自足，自足才能自然。所谓一切含灵皆有初地味禅，众生自性具足，不须外求。众生身中自有如来宝藏，向外求禅觅佛，恰似骑驴觅驴。自然无求，返照自识，方可得入禅定。众生自然具足佛怀，知此则自然进入禅的境界，不必借助于佛、菩萨的愿力，也不须往生遥远的净土。只有任心自然，不外求诸物以益己（自性具足，增益则成赘疣），不内求己身以利他（物皆自足，不可增减，损己利他则两害），则自然得入佛道。禅性自然，不可造作，不可求取。造作即有取舍，取舍即生伪巧，计长计短，离禅愈远。禅非求得，求取是有为法，以有为法得无为道，犹如以泥洗衣，欲求其净，何可得乎！

禅即生命。禅于平静自然之中蕴含着无穷的生机，是生命的源头。禅不是顽空般的死寂，也不是自劳自伤的妄动，而是寓动于静、动静结合的生命。禅属于有情众生，是生命的本性，不属于瓦石无情之物。禅者多寿，禅使人的生命得以延长。禅是解脱之道，更使人的生命质量得到根本的改善，使人摆脱生死轮回的束缚，使有限的痛苦的生命进入无限的极乐的境界。莫道禅是枯木死灰，其实枯木之中蕴含着新芽，死灰里面隐藏着活火。每一棵枯草之中冒出的新芽都在讲述着死与生的意义，都在告诉我们什么是禅。

禅即中道。戒、定、慧三学之中，戒以戒身，定以定心，慧以开智，禅定本身即是中道，它所对治的既不是下面粗重的欲望，亦不是上面的愚痴，而是人的情感。不劳不逸、不苦不乐是身法（戒）的中道，这是禅定的基础；远离两边、无有分别是智慧的中道，这是从禅定而生的功用；而离诸情识、自然寂止，不达到禅定，只能给人的身心带来损害，过犹不及，两种极端都是有害的，冬日的严寒与夏季的炎热都不如春天的温暖。禅不是偏执，偏执只能使人走入歧途，路越走越窄。禅是远离边见和偏执的自然而适中的中道，是不执两边、不住中间的自由灵动的生命。

禅即本心，最上乘禅，唯述一心，只有此心，才是真正的禅。人的心灵之间能够在一定程度上相互感应，在母子、夫妻、师徒等关系亲密的人之间尤其显著，并且禅宗的传心指的是传递本真之心，这种本真之心人人皆有，所谓传心实指宗师通过启发开示使弟子顿悟本心，此本心人人平等，实为一心，犹如一大池水分四大河，四河之水实属一味，弟子在顿悟自己的本心的同时，也领悟了上代祖师的本心，以心印心，便是传心。所以虽言传心，实赖自悟；虽言自悟，也不可忘却师恩。

以心传心，所传之心究竟为何物呢？此心既非肉团心，也不是思虑之心，而是平静、自然而富有生机的中道本心。正如树木把自己的根深深地扎入大地以汲取养分一样，人类也通过自己的心与无形的世界——生命的本源联系在一起，从其中汲取通过外在的器官（口、鼻、耳、目、身等）所无法汲取的东西。这种作为生命本源的无形的存在便是人人皆具的本心，每个人都通过自己的心与之联接，犹如无数支流源于同一个大湖一样。这一本心无形无相，不可言说，或名之为道，或字之曰仁，都是强以为名。言者皆述其一斑，无人能窥其全豹。

本心非思虑可知，非言说可述，然而不得强加解说。本心远离分别二见，无有两边，不可以世俗的分别知见加以量度。本心犹如虚空，空无一物，不可称之为有；无所不在，不可称之为无；无边无涯，不可称之为小；微至无内，不可称之为大；亘古长在，不可称之为无常；无时或存，不可称之为有常。

一般的人总是为世俗的二元世界观所束缚，细思此义有助于心灵的自由。本心自在平常，不是难得之宝。本心众生自己自性具足，并无欠少。只要舍弃分别二见，摒除外求之心，返照自性，便可得见本心，见性成佛。本心灵动明觉，充满生机，空寂体上，自有无量妙用，并非死寂断灭之心。

多有见佛家言清净寂灭，便误认为本心即同虚空，断灭死寂之人，故禅宗倡言宁可永劫受轮回，不说诸法本来空，坚决反对视本心同顽空的空见，认为我见易除，空见难消。因此本心合真空与妙有为一体，莫道一物不存，其中丝毫也无欠少，万法尽在其中。此即最上乘禅一心之妙义。[1]

以上方家之论，自是提纲挈领，不过，禅宗虽然主要是中国文化的创造，但也继承吸收了印度佛教的营养。吴言生"禅学三书"[2]有比较深入细致的探讨。《禅宗思想渊源》中讨论了禅宗思想和《楞伽经》《起信论》《心经》《金刚经》《维摩经》《楞严经》《华严经》《法华经》《圆觉经》《涅槃经》的关系，把禅宗思想规范为"本心论""迷失论""开悟论"和"境界论"四大部分，

---

① 徐文明：《中土前期禅学思想史》，北京师范大学出版社，2013年，第445—447页。
② 吴言生：《禅宗思想渊源》《禅宗哲学象征》《禅宗诗歌境界》，中华书局，2001年。

而在每一部分，都与上述各种佛教经典有密切关系。《禅宗哲学象征》和《禅宗诗歌境界》则以具体的禅宗公案、颂古和诗歌为阐释对象，对四大部分的禅宗视域做了具象和实证的阐论研究。

禅的三个核心要点：诗、哲、活

方立天教授在为"禅学三书"所撰序言中这样说：

禅宗哲学是诗化哲学，往往借助诗歌的手法，通过鲜明可感的形象，来表征"不可说"的本心。《禅宗哲学象征》选取公案与颂古的合璧《碧岩录》进行分类研究，分析了大量的禅宗语言，探究公案的意旨，分析颂古的禅悟内涵、运用特点、取象方式、美感质性，阐释公案、颂古等对禅宗哲学的象征。

禅宗的哲学象征，表征着禅宗思想。而要全面深入了解禅宗思想，又必须要追溯其渊源。《禅宗思想渊源》具体地论析了佛经对禅宗思想的影响……强调一切众生皆有佛性的如来藏思想，揭示本心迷失缘由的唯识思想，以遣除扫荡之不二法门为特色的般若思想，强调事事无碍的华严圆融思想，对禅宗思想产生了重大影响。

佛教思想、禅韵、诗情向来就是一而三、三而一的。……透过文学而表达佛法的最高的境界就是禅。在文学与艺术的意境中领悟深刻的哲学思想，正是禅宗追求的智慧精髓。

…………

禅宗哲学，以解构为主，用的是"减法"，通过对思维定式的消解，对情尘意垢的遣除，以彻见真如本心。……构成禅宗哲学内涵的公案、颂古、意象，在电光石火中闪烁着理性深沉，在睿智险峭中流宕着通脱圆润，体现了哲思与诗情水乳交融的审美最高境界。……禅宗在表达"不可说"的本心时，采取的不是定势语言，而是诗歌的象征，由此形成禅宗表征本心的特殊的"能指"。

对"本心""本来面目"的追寻，是禅宗的终极关怀。

本心论：揭示本心澄明、觉悟、圆满、超越的内涵与质性。

迷失论：揭示本心扰动、不觉、缺憾、执着的状况及缘由。

开悟论：揭示超越分别执着以重现清净本心的方法与途径。

境界论：揭示明心见性回归本心时的禅悟体验与精神境界。

一切现成的现量境，能所俱泯的直觉境，涵容互摄的圆融境，随缘任运的日用境，这是从哲学内蕴的角度对境界论的表示。从诗学象征的角度对境界论的表述则是：触目菩提的现量境，水月相忘的直接境，珠光交映的圆融境，饥餐困眠的日用境。[①]

我们把方立天教授对吴言生"禅学三书"的评论，再来一个言简意赅的概括，看看主要作为一种文化思想的方式（与纯粹的宗教概念有所区别），禅的本质和精髓究竟是什么。

诗、哲、活。

这三个字，就是禅作为一种文化思想方式的关键词。

正是基于这三个关键词，禅与曹雪芹、与《红楼梦》、与红学，发生了交会和重叠，也判然分别出了前八十回和后四十回之两种《红楼梦》对禅不同的理解和表现。

---

① 方应天：《禅宗思想、哲学、诗歌研究的可喜成果——评介吴言生博士的〈禅学三书〉》，《陕西师范大学学报》（哲学社会科学版）2002年第1期。

宝玉悟禅寻本质

贾宝玉：诗人哲学家

我们重新回到《红楼梦》第二十二回。

贾宝玉一片痴情，周旋于姊妹们之间，却"爱博心劳"（鲁迅《中国小说史略》）、"多所爱者，当大苦恼"（鲁迅《〈绛洞花主〉小引》），因此上升到对人生的意义和终极价值等形而上层面东西的追究，最后从禅悟中获得解脱。这不就是禅所具有的哲与诗的特质体现吗？他觉悟后所写的偈语和《寄生草》曲子，就是两首饱蕴深邃哲理的诗。

曹雪芹笔下的贾宝玉和佛教的禅宗，二者有相同的本质，那就是哲和诗。

曹雪芹是一位卓越的艺术家，他用艺术的手段表现这种本质，他发明了新概念、新的表达方式。

其中一个表达是"正邪二气所赋"。

《红楼梦》第二回，通过贾雨村之口，提出了"正邪二气所赋"的一套理论。贾雨村说天地生人，有"大仁""大恶"两大类，此外还有一类，则是"正邪二气所赋"之人。这一类人有什么特点，是些什么样的人呢？

使男女偶秉此气而生者，上则不能成仁人君子，下则亦不能为大凶大恶。置之于万万人之中，其聪明灵秀之气，则在万万人之上；其乖僻邪谬不近人情之态，又在万万人之下。若生于公侯富贵之家，则为情痴情种；若生于诗书清贫之族，则为逸士高人；纵再偶生于薄祚寒门，断不能为走卒健仆，甘遭庸人驱制驾驭，亦必为奇优名娼。如前代之许由、陶潜、阮籍、嵇康、刘伶、王谢二族、顾虎头、陈后主、唐明皇、宋徽宗、刘庭芝、温飞卿、米南宫、石曼卿、柳耆卿、秦少游，近日之倪云林、唐伯虎、祝枝山，再如李龟年、黄旛绰、敬新磨、卓文君、红拂、薛涛、崔莺、朝云之流，此皆易地相同之人也。

这些"正邪二气所赋"之人，按照实际出身和社会地位的不同分为三类：情痴情种、逸士高人、奇优名娼。下面那一串名单举例，从传说中尧舜禹时代的许由，一直到明朝的唐伯虎。这些人大都有文学艺术方面的杰出才能，有纯真深挚的感情。他们共同的本质，不就是"诗人哲学家"吗？

贾宝玉，是一个新的"诗人哲学家"的艺术典型，是"正邪二气所赋"之人最杰出的代表。

诗与禅

不过，这一串名单里，缺席了禅僧。这是一个有意味的缺席。

其实，禅僧，作为一个群体，可以说都是不同程度的"诗人哲学家"。也就是前面所引方立天所说："佛教思想、禅韵、诗情向来就是一而三、三而一的。……透过文学而表达佛法的最高的境界就是禅。在文学与艺术的意境中领悟深刻的哲学思想，正是禅宗追求的智慧精髓。"

诗与禅，早已是习见的说法和题目——禅与哲学本来一体两面，就更是题中应有之义了。比如，我随便在自己的书架上翻检，就找出了一本友人程亚林所撰《诗与禅》。为朋友张扬一下，我就不引录《白莲集》《云卧纪谈》等原典，不去翻检《大藏经》，也不用自己的话叙述，而转录《诗与禅》中的章节：

一般地说，禅人都生活在"幽涧泉清，高峰月白"的山林里，一坞白云，三五间茅屋就是他们的居所。这里，翠竹摇风，寒松锁月，可以谛听林间万籁，也可以欣赏春去秋来的万般景色。"山畬脱粟饭，野菜淡黄韭"，"吃茶吃饭随时过，看山看水实畅情"，使他们自甘于淡泊，自乐于闲适，又富有山情野趣。他们的禅居诗，主要是对这种生活的描写：

三间茅屋从来住，一道神光万境闲。莫把是非来为我，浮生穿凿不相关。

南台静坐一炉香，终日凝眸万虑亡。不是息心除妄想，却缘无事另商量。

住在千峰最上层，年将耳顺任腾腾。免教名字挂人齿，甘作今朝百拙僧。

写出了他们"心如朗月连天静，性似寒潭彻底清"的心境。他们甚至认为：

千峰顶上一间屋，老僧半间云半间。昨夜云随风雨去，到头不似老僧闲。

他们比那随风随雨的白云更为悠闲！而山林野趣，又常来笔底：

碧落静无云，秋空明有月。长江莹似练，清风来不歇。林下道人幽，相看情共悦。

常居物外度清时，牛上横将竹笛吹。一曲自幽山自绿，此情不与白云知。

桥上山万层，桥下水千里。唯有白鹭鸶，见我常来此。

福岩山上云，舒卷任朝昏。忽而落平地，客来难讨门。

这里，时而清天无云，秋空有月，时而山青水绿，寒潭澄碧，时而云缭雾绕，一片苍茫。正是这清幽的山林，陶冶了他们的性情，激发了他们的诗性，他们以"闲居趣寂为道标"，也就很自然了。

同时，他们也欣赏自己的懒拙清贫，安闲自得。在许多诗篇里，描述了这种"赤穷旧活计，清白旧家风"：

怕寒懒剃蓬松发，爱暖频添榾柮柴。破衲伽儵撩乱搭，谁能劳力强安排？

山中住，独掩柴门无别趣。三个柴头品字煨，不用援笔文彩露。

万机休罢付痴憨，踪迹时容野鹿参。不脱麻衣拳作枕，几生梦在绿萝庵。

宇内为闲客，人中作野僧。任从他笑我，随处自腾腾。

浏潭灵澄的《西来意颂》把这种淡泊闲适的生活描写得更为全面：

因僧问我西来意，我活山居七八年。草履只裁三个耳，麻衣曾补两番肩。东庵每见西庵雪，下涧长流上涧泉。半夜白云消散后，一轮明月到床前。

一切终极的追求，都消融在这种朴拙、清闲之中了。当然，他们也有自己的孤寂和悲哀：

羊肠鸟道无人到，寂寞云中一个人。

吾有一宝琴，寄之在旷野。不是不解弹，未遇知音者。

众卖花兮独卖松，青青颜色不如红。算来终不与时合，归去来兮翠蔼中。

但是，他们更向往独来独往的自由：

悬崖撒手任纵横，大地虚空自坦平。照壑辉崖不借月，庵头别有一帘明！

选得幽居惬野情，终年无送亦无迎。有时直上孤峰顶，月下披云啸一声。

更愿意永远保持超功利的情怀：

千尺丝纶直下垂，一波才动万波随。夜静水寒鱼不食，满船空载月明归。

月明星稀，垂钓寒潭，领略了万波攒动、水月交辉的佳境，又无心于功利，陶醉于明月，的确将天人合一、适意会心、白马芦花、红炉点雪等等情趣都溶化于波光月影之中，成就了禅人最好的诗。

值得注意的是，淡泊闲适的生活，力求超脱的精神境界，也赋予了某些禅人敏锐的观察能力。细腻的体察，微妙的感受，常常在他们笔底化为使人耳目一新的诗句。比如目睹阶前竹影、水底月光，他们写出了"竹影扫阶尘不动，月穿潭底水无痕"这寓动于静、包含着禅机禅趣的诗句；而"有时风动频相倚，似向阶前斗不休"，又将早秋盛开的鸡冠花在风中喧闹的情景描写得栩栩如生。

"一夜落花雨，满城流水香""闲来石上观流水，欲洗禅衣未有尘"，或寥寥几笔，画出了一幅春意图，让风雨落花、波光春情霎时涌现；或情韵高雅，有会于心，让人体会到禅心禅境的洁净空灵。

又如以"一气不言含有象，万里何处谢无私"写春天感受；以"窗明檐外雪，室静竹间泉。几到无声际，还归有象前"写雪；以"五老峰前相遇时，两言无语只扬眉"写禅人相见；以"不是一番寒彻骨，争得梅花扑鼻香"写禅人的修持。或生动传神，或剔目警心，颇见功力。还有些咏物诗也充满了禅机禅趣，如白云端咏子规：

声声解道不如归，往往人心会者稀。满目青山春水绿，更求何地可忘机？

咏雪：

琼花一夜满空山，天晓皆言好雪寒。片片纵晓知落处，奈缘犹在半途间。

雪窦禅师咏假山：

数拳幽石迭嵯峨，池水泓然一寸波。识得山川无限意，目前潇洒不须多。

怀濬咏花、咏莺啼：

家在闽山东复东，其中岁岁有花红。而今再到花红处，花在旧时红处红。

家在闽山西复西，其中岁岁有莺啼。而今再到莺啼处，莺在旧时啼处啼。

德山慧远咏雪：

雪霁长空，回野飞鸿，段云片片，向西向东……

忘机于声声杜鹃，体悟于片片飞雪、拳拳幽石；在逝者如斯、风景不殊中感悟人生，是禅所要求的，也是禅人——从胸襟中流出的诗句。

当然，禅人诗句有豪壮的：

举手攀南斗，回身向北辰。出头天外看，谁是我般人？

丈夫自有冲天志，莫向如来行处行。

猛炽焰中人有路，旋风顶上屹然楼。

任从三尺雪，难压寸灵松。

能为万象主，不逐四时凋。

孤蟾独耀江山静，长啸一声天地秋。

擘开华岳连天色，放出黄河到海声。

也有阔大的：

粲粲星罗霁夜，英英花吐春时。

一片月生海，几家人上楼。

无心还似今宵月，照见三千与大千。

塞北千人帐，江南万斛船。

甚至还有古怪的：

昨夜风雷忽尔，露柱生出两指。天明笑倒灯笼，拄杖依前扶起。拂子蹲跳过流沙，夺转胡僧（达摩）一只履。

总之，禅宗也有一个诗的世界。

佛禅门中出现了"诗僧"，更加密切了佛禅与诗的联系。东晋康僧渊、支遁、慧远等人的诗就写得很好，齐代诗僧汤惠休、帛道猷、宝月名噪一时，并被钟嵘纳入《诗品》，与世俗诗人一例对待，说明诗界已承认了"诗僧"的地位。其后，唐代的寒山、拾得、灵一、灵澈、无可、皎然、贯休、齐己，宋代的参寥、惠洪等相继出现，更形成了诗坛的一支新军。当诗在佛禅门中跳出了单纯的实用和"余事"圈子，僧人也可以以诗名家之后，僧诗无论在禅门还是诗界都获得了相对独立的地位。①

禅与诗，诗与禅，真是手心手背，难分彼此。

宝玉的本质与禅的指向

《红楼梦》前八十回宝玉谈禅的情节只有第二十二回，但在其他回中，却也浸淫着禅意。为什么这样说？因为如前所述，在中国传统文化的语境中，特别是唐朝以后，诗意直通禅意。宝玉的整个人生，都是诗的人生，诗情、哲理、情痴，构成了宝玉的本质，也就有一种禅的指向。

只要宝玉一出现，就洋溢着满满盈盈的诗情、葱葱茏茏的哲思，其实这正是禅意的前奏。比如这样一些描写：

不想宝玉在山坡上听见是黛玉之声，先不过是点头感叹，

①　程亚林：《诗与禅》，江西人民出版社，1989年，第200—204页。

听到"奴今葬花人笑痴，他年葬我知是谁？一朝春尽红颜老，花落人亡两不知"等句，不觉恸倒山坡之上，怀里兜的落花撒了一地。试想林黛玉的花颜月貌，将来亦到无可寻觅之时，宁不心碎肠断！既黛玉终归于无可寻觅之时，推之于他人，如宝钗、香菱、袭人等亦可以到无可寻觅之时矣。既宝钗等终归无可寻觅之时，则自己又安在哉？且自身尚不知何在何往，则斯处、斯园、斯花、斯柳又不知当属谁姓已①。因此一而二，二而三，反复推求了去，真不知此时此际欲为何等蠢物，杳无可知，逃大造，出尘网，使可解释这段悲感。正是：

黛玉葬花（清·费丹旭　绘）

---

① 人民出版社周汝昌校本《红楼梦》注："已，是语末截断词，是原笔。"

花影不离身左右，鸟声只在耳东西。（第二十八回）

那宝玉一心裁夺盘算，痴痴的回至怡红院中，正值林黛玉和袭人坐着说话儿呢。宝玉一进来，就和袭人长叹道："我昨儿晚上的话竟说错了，怪道老爷说我是管窥蠡测，昨夜说你们的眼泪单葬我，这就错了，我竟不能全得了。从此后只是各人得各人的眼泪罢。"袭人昨夜不过是些顽话，已经忘了，不想宝玉今又提起来，便笑道："你可真的有些疯了。"宝玉默默不对，自此深悟人生情缘，各有分定，只是每每暗伤，不知将来葬我洒泪者为谁？（第三十六回）

这些段落是点睛之笔，写的正是宝玉日常生活中的诗情哲思，也就是禅意。其实，前八十回，都饱含着这种禅意，只是表现得十分含蓄，深隐，委曲，也十分厚重，一般的读者不容易感觉到而已。比如贾宝玉和林黛玉葬花、刘姥姥醉卧怡红院、喜出望外平儿理妆、茜纱窗真情揆痴理、憨湘云醉眠芍药裀等等。为什么这样说呢？让我们试加讲解。

《红楼梦》故事情节的禅意

第二十三回《西厢记妙词通戏语，牡丹亭艳曲警芳心》，宝玉和黛玉等刚住进大观园，紧接着就是宝玉和黛玉一起葬花。

那日正当三月中浣，早饭后，宝玉携了一套《会真记》，走到沁芳闸桥那边桃花底下一块石上坐着，展开《会真记》从头细玩。正看到落红成阵，只见一阵风过，把树上桃花吹下一大半来，落的满身满书满地皆是。宝玉要抖将下来，又恐怕脚步践踏了，只得兜了那花瓣，来至池边，抖在池内。那花瓣浮在水面，飘飘荡荡，竟流出沁芳闸去了。回来只见地下还有许多，宝玉正踟蹰间，只听背后有人说道："你在这里作什么？"宝玉一回头，却是林黛玉来了，肩上担着花锄，上挂着行囊，手内拿着花帚。宝玉笑道："好，来把这个花扫起来，撂在那水里，我才撂了好些在那里呢。"林黛玉道："撂在水里不好，你看这里的水干净，只一流出去，有人家的地方，脏的臭的混倒，仍旧把花遭塌了。那畸角上我有一个花塚，如今扫起来，装在这绢袋里，拿土埋上，日久不过随土化了，岂不干净！"宝玉听了，喜不自禁，笑道："待我放下书帮你来收拾。"

…………

这里林黛玉见宝玉去了，又听见众姊妹也不在房，自己闷闷的，正欲回房，刚走到梨香院墙角上，只听墙内笛韵悠扬，歌声婉转，林黛玉便知是那十二个女孩子演习戏文呢。只因林黛玉素习不大喜欢看戏文，便不留心，只管往那边走。偶然两句，只吹到耳内，明明白白，一字不落，唱道是："原来姹紫嫣红开遍，似这般，都付与断井颓垣……"林黛玉听了，到也十分感慨缠绵，便止住步，侧耳细听，又听他唱道是："良辰美景奈何天，赏心乐事谁家院？"听了这两句，不觉点头自叹，心下自思道："原来戏上也有好文章。可惜世人只知看戏，未必能领略这其中的趣味。"想毕，又后悔不该误想，担搁①了听曲。再侧耳时，只听唱道："则为你如花美眷，似水流年……"林黛玉听了这两句上，不觉心动神

---

① 用"担搁"不用"耽搁"，是尊重抄本实际，据周汝昌校本。

摇。又听道"你在幽闺自怜"等句，亦发如醉如痴，站立不住，便一蹲身，坐在一块山子石上，细嚼"如花美眷，似水流年"八个字的滋味。忽又想起前日见古人诗中有"水流花谢两无情"之句，再又有词中有"流水落花春去也，天上人间"之句，又兼才听见《西厢记》中"花落水流红，闲情万种"之句，都一时想起来，凑聚在一处。仔细忖度，不觉心痛神痴，眼中落泪。

过去赏评阐析这些文字，大多是从宝玉的多情体贴、黛玉的青春觉醒等角度来立论的。这自然也不错。但换一个视角，我们可以发现，这些文字其实也有浓郁的禅意。大家看宝玉和黛玉都全身心地完全彻底地与自然的春天融为一体了，达到了天人合一、天人同构。他们的精神状态，与上面所引述的那些禅僧借助自然的山水花鸟而悟禅，"明心见性"，是不是非常相似呢？他们是不是都进入了一种"诗意的栖居"的人生境界呢？

当然，还是有一些微妙的区别：禅僧们从大自然感悟到的基本上是一种淡泊宁静的心灵解放的欣悦，而宝玉和黛玉则从"流水落花春去也"感到青春的短暂、人生的无常，因此而惆怅伤感，甚至"心痛神痴，眼中落泪"，还在心灵解脱的路途中。

但我们要特别注意，第二十三回宝玉和黛玉葬花等情节是紧接着第二十二回宝玉悟禅的。通过这种情节的连缀发展，曹雪芹其实巧妙地暗示读者，虽然黛玉反对宝玉参禅，宝玉也在黛玉和宝钗的劝导下放弃了参禅，但从性格气质的根本上，宝玉和黛玉的行为是充满了禅意禅机的。他们的葬花和听曲等思想行为，本身就会"曲径通幽"，一脉相通到禅境。这可以说是"以情悟禅"，是"明心见性"的铺垫。宝玉和黛玉已经走到了禅境的门槛，只要再迈一步，就可能入禅而觉悟。

情与禅，表面上是互相扞格的，前者沉溺于情，后者似乎超脱了情。但实际上，它们又是相反相成的，因为无论情与禅，都与诗、哲相邻。

庚辰本《石头记》针对宝玉悟禅的偈语有一段脂批："已悟已觉，是好偈矣。宝玉悟禅亦由情，读书亦由情，续《庄》亦由情。可笑。"

针对宝玉第二十一回续《庄子》而"觉悟"，第二十二回再悟禅，又有脂批曰："前夜已悟，今夜又悟，二次翻身不出，故一世堕落无成也。"

针对黛玉恐怕宝玉真的绝情而借探望袭人来怡红院观察动静，脂批曰："这又何必？总因慧刀不利，未斩毒龙之故也。大都如此。叹叹！"

针对黛玉看了宝玉的偈语和《寄生草》曲子后"不觉可笑可叹"的反应，脂批又说："是个'善知觉'。何不趁此大家一解，齐证上乘！——甘心堕落迷津哉？"

这些脂批是说，宝玉和黛玉在悟禅和痴情的纠葛中，始终不能真正地去情而觉空。这是从佛禅的宗教本意上评论。

体现"无常"的故事情节

那么，曹雪芹原著的最后宗旨，究竟是要写宝玉、黛玉这些人悟了禅呢？还是没有悟禅呢？或者换句话说，曹雪芹意中，情和禅究竟是怎样的关系呢？

首先，小说通过许多情节，表现一切荣华富贵，一切亲情爱情，都将遭遇"无常"，都将变为空幻。这也是全书以家族兴衰为主线的基本情节将要证实的。如第一回的《好了歌》和《好了歌解》，如秦可卿死前给王熙凤托梦所说的"月满则亏，水满则溢"那一番话，等等。前八十回的这些情节寓意明显，而有些情节则表现得非常隐晦，或者也可以说是非常艺术的。

比如刘姥姥醉卧怡红院的故事。刘姥姥误打误撞，自己跑到怡红院，在宝玉的床上睡了一觉。花袭人赶来，"只闻见酒屁臭气，满屋，一瞧，只见刘姥姥扎手舞脚的仰卧在床上"。这一回，庚辰本的回目是《拢翠庵茶品梅花雪，怡红院劫遇母蝗虫》（根据戚蓼生序本《石头记》，"拢翠"非"枕翠"，"拢翠"与"怡红"对仗），把刘姥姥醉卧怡红院说成"劫遇母蝗虫"，不仅是一种文字的幽默调侃，而且有一种佛禅意味，即万事无常，荣辱盛衰之颠倒变化不可预测。

针对这一情节，这一回有回前总批说："此回拢翠品茶，怡红遇劫，盖妙玉虽以清净无为自守，而怪洁之癖未免有过——老妪只污得一杯，见而勿用。岂似玉兄，日享洪福竟至无以复加而不自知？故老妪眠其床，卧其席，酒屁熏其屋，却被袭人遮过，则仍用其床其席其屋。亦作者特为'转眼不知身后事'写来作戒。纨绔公子可不慎哉！""转眼不知身后事"，不就是世事无常万象皆空吗？

又比如第四十二回，一直在凤姐和贾琏之间走钢丝的平儿，虽然聪明智慧，事事做得妥帖，却终于在这一回中因贾琏与鲍二家偷情之事被凤姐发觉，处在夹缝中，遭遇贾琏和凤姐两方面的踢打，受尽委屈。这当然也是世事无常的一种表现。

心心相印的禅机故事

不过，作者接着在第四十四回写宝玉对平儿的照顾体贴，所谓"喜出望外平儿理妆"。这"喜出望外"四字也深含禅意，悲又引出喜，其实是世事无常的又一次体现。而这喜出望外是从两方面表现的。

一方面是平儿。所谓："平儿素习只闻人说宝玉专能和女孩儿们接交，宝玉素日因平儿是贾琏的爱妾，又是凤姐的心腹，故不肯和他厮近，因不能尽心，也常为恨事。平儿今见他这般，心中也暗暗的戥戥：'果然话不虚传，色色想的周到。'"

另一方面是宝玉。"宝玉因自来从未在平儿前尽过心，且平儿又是个极聪明的人，极清俊上等女孩儿，比不得那起俗蠢拙物，深为恨怨。今日也是金钏儿的生日，故一日不乐，不想落后闹出这件事来，竟得在平儿前稍尽片心，亦是今生意中不想之乐也。因歪在床上，心内怡然自得。忽又思及贾琏，惟知以淫乐悦己，并不知作养脂粉；又思平儿并无父母兄弟姊妹，独自一人，供应贾琏夫妇二人，贾琏之俗，凤姐之威，他竟能周全妥贴，今日还遭荼毒，想来此人薄命，似黛玉尤甚。想到此间，便又伤感起来。不觉洒然泪下，因见袭人等不在房内，尽力落了几点痛泪。"

这是以情悟禅的一次突出表现，深隐禅意。简单说一句，就是宝玉在生活中随时随地的一言一行，都会自然引申到人生的根本意义和存在价值上面。另一方面，禅意本来就是要"心心相印"，达到一种无言的互相了解彼此心灵的境界，而宝玉的"意淫"，也就是与他"意淫"的对象（这个故事里是平儿）达到

"通灵"，相视无言，情愫互通，正等同于迦叶与佛祖 "拈花微笑"，彼此心领神会。

再如第六十二回《憨湘云醉眠芍药裀，呆香菱情解石榴裙》这个故事。香菱和小戏子们打闹，把簇新的红裙子在泥水里弄污了，宝玉看见了，对香菱的处境和心境都体贴得十分细致周到：

香菱起身低头一瞧，那裙上犹滴滴点点流下绿水来，正恨骂不绝，可巧宝玉见他们斗草，也寻了些花草来凑戏，忽见众人跑了，只剩了香菱一个低头弄裙，因问："怎么散了？"香菱便说："我有一枝夫妻蕙，他们不知道，反说我诌，因此闹起来，把我的新裙子也脏了。"宝玉笑道："你有夫妻蕙，我这里到有一枝并蒂莲。"口内说，手内却真个拈着一枝并蒂莲花，又拈了那枝夫妻蕙在手内。香菱道："什么夫妻不夫妻，并蒂不并蒂，你瞧瞧这裙子！"宝玉方低头一瞧，便嗳呀了一声，说："怎么就拖在泥里了？可惜这石榴红裙最不禁染。"香菱道："这是前儿琴姑娘带了来的，姑娘做了一条，我做了一条，今儿才上身。"宝玉跌脚叹道："若你们家，一日遭塌这一百条，也不值什么，只是头一件既系琴姑娘带来的，你和宝姐姐每人才一件，他的尚好，你的先脏了，岂不辜负他的心。二则姨妈老人家嘴碎，饶这么样，我还听见常说你们不知过日子，只会遭塌东西，不知惜福呢！这叫姨妈看见了，这顿说又不轻。"香菱听了这话，都蹦心坎上，反到喜欢起来。因笑道："就是这话了。我虽有几条新裙子，都不合这一样，若有一样的，赶着换了也就好了，过后再说。"宝玉道："你快休动，只站着方好，不然连小衣儿膝裤鞋面都要拖脏。我有个主意，袭人上月作了一条和这个一样的，他因有孝，如今也不穿，竟送了你，换下这个来如何？"香菱笑着摇头说："不好，他们倘或听见了到不好。"

宝玉道："这怕什么！等他孝满了，他爱什么，难道不许你送他别的不成？你若这样，不是你素日为人了。况且不是瞒人的事，只管告诉宝姐姐也不妨，只不过怕姨妈老人家生气罢了。"香菱想了一想有理，便点头笑道："就是这样罢了，别辜负了你的心，我等着你。千万叫他亲来自送才好。"

这里面的关键词是"都碰心坎上""别辜负了你的心"。也就是说，这一段情节是表现宝玉和香菱互相知情解意，"心心相印"。"意淫"在此也就是一种禅。故事情节继续发展：

宝玉听了，喜欢非常，答应了，忙忙的回家来，一壁里低头心下暗算："可惜这么一个人，没父母，连自己本姓都忘了，被人拐出来，偏又卖与了这个霸王。"因又想起上日平儿也是意想不到的，今日更更意外之意外的事了①。一壁胡思乱想，来至房中，拉了袭人，细告诉了他原故。香菱之为人，无人不怜爱的，袭人又本是个手中撒漫的，况与香菱素相交好，一闻此信，忙就开箱取了出来，折好，随了宝玉来寻着香菱，他还站在那里等着呢。袭人笑道："我说你太淘气了，足的淘出个故事来才罢。"香菱红了脸笑道："多谢姐姐了，谁知是那起促狭鬼使黑心。"说着接了裙子，展开一看，果然同自己的一样。又命宝玉背过脸

---

① 今日更更意外之意外的事了：据圣彼得堡本《石头记》，"更更""意外之意外"皆曹雪芹独创句法。本书所引《红楼梦》文句，皆据人民出版社周汝昌校本。

呆香菱情解石榴裙（清·孙温绘　局部）

去，自己又手向内解下来，将这条系上。袭人道："把这脏了的交与我拿回去收拾了再给你送来，你若拿回去，看见了也是要问的。"香菱道："好姐姐，你拿去不拘给那个妹妹罢，我有了这个，不要他了。"袭人道："你到大方的好。"香菱忙又万福道谢。袭人拿了脏裙便走，香菱见宝玉蹲在地下，将方才的夫妻蕙与并蒂莲，用树枝儿抠了一个坑，先抓些落花来铺垫了，将这莲蕙安放好，又将些落花来掩住了，方撮土掩埋平服。香菱拉他的手笑道："这又叫作什么？怪道人人说你惯会鬼鬼祟祟使人肉麻的事。你瞧瞧你这手，弄的泥乌苔滑的，还不快洗去。"宝玉笑着方起身走了去洗手，香菱也自走开，二人已走远了数步，香菱复转身回来叫住宝玉，宝玉又不知有何话，扎着两只泥手，笑嘻嘻的转来问："什么？"香菱只顾笑。因那边他的小丫头臻儿走来说："二姑娘等你说话呢。"香菱方向宝玉道："裙子的事，可别和你哥哥说才好。"说毕即转身走了。宝玉笑道："可不我疯了，往虎口里探头儿去呢。"说着也回去洗手去了。

过去某些文学评论分析，说这是表现宝玉和香菱之间有暧昧的感情，其实还是未能解味曹雪芹的艺术匠心。宝玉的心理活动是对香菱悲苦身世的满腔同情和怜惜，这正是佛家"悲天悯人"的情怀，也就是宝玉"意淫"的本质。他想到薛姨妈老年人嘴碎会责怪香菱，薛蟠对自己怜惜香菱可能会产生妒意，都是设身处地，体贴入微，而香菱也对此完全理解。难怪脂批注解"意淫"，说"只不过是体贴二字"——也可以说就是禅。宝玉埋葬夫妻蕙和并蒂莲的行为，一方面表现宝玉的诗意审美，另一方面也暗示了香菱的悲惨结局，也是"意淫"的一种微妙艺术体现。

史湘云醉卧的禅意

更耐人寻味的，是在同一回中，有"憨湘云醉眠芍药裀"。这一回贾宝玉过生日，众姐妹祝寿，因为贾母、王夫人等长辈不在家，格外有一种无拘无束自由热闹的气氛。史湘云后来吃醉了酒、醉卧芍药圃的描写，历来脍炙人口：

> 正说着，只见一个小丫头笑嘻嘻的走来说："姑娘们快瞧云姑娘去，吃醉了，图凉快，在山子后头一块青板石凳上睡着了。"众人听说，都笑道："快别吵嚷。"说着，都走来看时，果见湘云卧于山石僻处一个石凳子上，业经香梦沉酣，四面芍药花飞了一身，满头脸衣襟上皆是红香散乱，手中的扇子在地下也半被落花埋了。一群蜂蝶闹穰穰的围着他，又用鲛帕包了一包芍药花瓣枕着。

这是一段极富诗情画意的文章。从禅文化的角度观照，则此段描写极生动地写出了史湘云才是最具禅意之人。这样一种酣睡于大自然之中的境界，是彻底的物我两忘，天人合一，也就是完美的禅境。

这也正如前面程亚林评点禅诗境界所云："忘机于声声杜鹃，体悟于片片飞雪、拳拳幽石；在逝者如斯、风景不殊中感悟人生，是禅所要求的，也是禅人——从胸襟中流出的诗句。""月明星稀，垂钓寒潭，领略了万波攒动、水月交辉的佳境，又无心于功利，陶醉于明月，的确将天人合一、适意会心、白马芦花、红炉点雪等等情趣都溶化于波光月影之中，成就了禅人最好的诗。"

史湘云的醉卧情节，还可以与禅宗"牛头见四祖"公案联系起来领会，那正是禅宗不黏滞于圣境的典型表述。那则禅宗公案说，法融入牛头山幽栖寺北岩石室，坐禅之时，有百鸟衔花的异象，受四祖点化后，百鸟不再衔花。

其禅意是，当法融独自居住山中修习禅定时，已经得到忘却机心、浑融物我的境界，达到了彻底的空境，所以才有百鸟衔花的异事，但此时法融还滞留在与"有"相对的"空"。等到他见了四祖后，浮华脱落尽，唯有一真实，从圣境复归于平常之境，圣凡双遣，泯绝万缘，故而百鸟纵使衔花也莫寻其踪迹，这才是最高的禅境。①

另一则禅宗公案说，景岑游山，不住法执，不滞空境。他游山时有"始随芳草去，又逐落花回"之吟咏，首座说只是追随春意而已，景岑回以"也胜秋露滴芙蕖"，表示自己已经超越了秋露滴芙蕖的枯淡圣境，而复归于现象界，以平常心享受春风骀荡。

史湘云的醉卧其实就是这样一种境界，既已酣眠，当然泯绝了任何两分、逻辑的言路，枕花瓣而蜂蝶飞舞，不仅是画意，也是禅意。这其实相通于法融和景岑的公案，是以平常心享受自然之美乐，完全化入其中。如果你用形式逻辑分析说：湘云虽然酣卧，不是还有蜂围蝶绕吗？法融却是百鸟不再衔花呀，这不是说湘云还没有入禅境吗？那就是胶柱鼓瑟，思路本身已经无缘于禅了。

---

① 此处可参看吴言生：《禅宗思想渊源》，中华书局，2007年，第80—81页。

史湘云醉卧芍药圃（清·孙温绘　局部）

无论是林黛玉葬花听曲而"心痛神痴，眼中落泪"，还是贾宝玉"意淫"体贴众女儿，或者史湘云醉卧花丛而陶然不觉，都是悟禅境界的艺术表现，是曹雪芹通过《红楼梦》的写作而发明创造的"情禅"之"草蛇灰线"。

　　禅人就是诗人——当然是一些特殊的诗人，禅人也是情人——当然也是特殊的情人。

　　那么，曹雪芹在原著佚稿中，将怎样写宝玉历经姐妹夭亡、家族毁灭等灾难以后的禅意觉悟呢？

红楼探佚窥佛意

红学探佚学

红学中有一个学术分支，叫探佚学。笔者于1980年写了红学中的第一本探佚学专著《石头记探佚》，周汝昌先生在1981年7月24日为拙著撰序，提出了"探佚学"的学术概念。从此红学探佚研究日新月异，如火如荼，三四十年来瓜瓞绵绵，蔓生不绝。

其最具有人间红学效应的，是1987年上映的电视连续剧《红楼梦》，八十回后情节的改编基本上采取了探佚思路，对红学探佚做了一次大普及。此外2004年到2005年的央视"百家讲坛"系列节目"红楼六家谈"和"刘心武揭秘《红楼梦》"，使探佚学为更多的普通民众所知。

当然不是说所有的探佚观点都已经毫无争议，完美无缺，而是说通过这些文化活动，"两种《红楼梦》"的观念已经深入人心，大家对曹雪芹原著全璧面貌究竟何似有了越来越浓厚的兴趣。

探佚的操作有其坚实的方法论基础，这就是曹雪芹在写《红楼梦》时使用了一种特殊的创作方法，脂批叫作"草蛇灰线，伏脉千里"。此语本来源于唐朝的堪舆学著作，后来成了文学批评术语，意思是像蛇行草丛时隐时现，漏洒石灰时断时续，前文时时处处为后文的情节发展设"伏笔""伏线"。笔者将其规范为谐音法、谶语法、影射法、引文法、化用典故法等各种不同形式。因此通过仔细阅读和分析前八十回的文本（当然也包括对文本思想、情节、人物性格等的文学分析），可以大体勾勒八十回以后的情节轮廓，进而了解曹雪芹原著整体的思想倾向和艺术追求。

此外，脂批中也有直接透露八十回后佚稿情节的批语，如"薛宝钗借词含讽谏，王熙凤知命强英雄"，"嶽神庙"（狱神庙？——引者）中贾芸和小红"有一番作为"，救助宝玉和凤姐，等等。由于《红楼梦》有强烈的"家史自传"性质，采用"假作真时真亦假"的暗示影射写法，曹家家世的研究也能提供一些"生活原型"的佐证。《石头记》抄本的流传中也有八十回后"旧时真本"的记录。还有其他一些辅助性的材料，都对探讨八十回后佚稿的情节有一定作用。

佚稿中贾宝玉一度出家为僧

通过红学探佚研究者的多年努力，八十回后原著佚稿的基本情节脉络和轮廓已经大体上清楚。下面我们就立足于探佚的成果，来窥察曹雪芹笔下的贾宝玉在八十回以后的情况，进而讨论其中所蕴含的佛法和禅意。

第二十一回有一条脂批这样说："宝玉之情，今古无人可比，固矣。然宝玉有情极之毒，亦世人莫忍为者，看至后半则洞明矣。此是宝玉三大病也。宝玉有（看？——引者）此世人莫忍为之毒，故后文方能'悬崖撒手'一回；若他人得宝钗之妻、麝月之婢，岂能弃而为僧哉！"

这似乎说得很明白，八十回后的佚稿中，宝玉曾经抛弃宝钗和麝月而"悬崖撒手"出家为僧。

这个故事情节发生在黛玉死后。证之于前八十回文本，则有这样的伏笔：

黛玉心里原是要不理宝玉的，这会子听见宝玉说，因叫人知道他们办了嘴就生分了似的这一句话，又可见得比别人原亲近，因又掌不住便哭道："你也不用拿这话来哄我，从今以后，再不敢亲近二爷了，二爷也全当我去了。"宝玉听了笑道："你往那里去？"黛玉道："我回家去。"宝玉笑道："我跟了去。"黛玉道："我死了。"宝玉道："你死了，我做和尚去。"（第三十回）

袭人笑道："林姑娘，你不知道我的心事，除非这一口气不来，死了到也罢了。"林黛玉笑道："你死了，别人不知怎么样，我先就哭死了。"宝玉笑道："你死了，我做和尚去。"袭人笑道："你老实些罢，何苦来还说这些话。"林黛玉将两个指头一伸，抿嘴笑道："做了两个和尚了。我从今已后，都记着你

做和尚的遭数儿。"（第三十一回）

　　宝玉出家时，黛玉已死，而且贾府可能已经遭受了抄家的灾难，许多姐妹丫头都死的死，散的散。这给宝玉以巨大的刺激，是他看破红尘的重要原因。庚辰本第二十一回的回前批说："此回之文固妙，然未见后卅回，犹不见此之妙！此曰'娇嗔箴宝玉，软语救贾琏'，后曰'薛宝钗借词含讽谏''王熙凤知命强英雄'；今只从二婢说起，后则直指其主。……何今日之玉犹可箴，他日之玉已不可箴耶？……'箴'与'谏'无异也，而袭人安在哉！"

　　这是说宝玉在第二十二回参禅时早已显露的看破红尘的思想，到了后面家境败落时，就尽显无遗了。第二十二回他还能暂时接受袭人的箴劝，到佚稿中，薛宝钗的"讽谏"对宝玉一点作用也不起了。

　　宝钗的"讽谏"是什么？当然是劝阻他不要"悬崖撒手"，正像第二十二回宝钗撕碎宝玉参禅的偈语和曲子，并通过讲解六祖慧能和神秀的禅宗公案，来打消宝玉的出家意念一样。

　　但是佚稿中的宝玉，"已不可箴"！贾宝玉出家了。

贾宝玉"悬崖撒手"以后

　　但出家后的宝玉是个什么情况呢？

　　第十九回宝玉和茗烟去了袭人家，袭人的母亲和哥哥拿出许多食品招待宝玉，但"袭人见总无可吃之物"，后面有一段脂批曰："补明宝玉自幼何等娇贵。以此一句留与下部后数十回'寒冬噎酸斋，雪夜围破毡'等处对看，可为后生过分之戒。叹叹！"

由此可知，贾宝玉在佚稿中曾落到非常穷困的境地。所以第一回的《好了歌解》中有一句"金满箱，银满箱，展眼乞丐人皆谤"，旁边有批语说："甄玉、贾玉一干人。"第三回黛玉初见宝玉，有两阕《西江月》词概括宝玉一生思想、性格和行迹，其中特别说到"富贵不知乐业，贫穷难耐凄凉"。

考虑到《红楼梦》"深得《金梅》壸奥"（脂批），如秦可卿大出殡明显借鉴《金瓶梅》中李瓶儿大出殡。笔者以为八十回后写到贾宝玉落魄出家，很可能从《金瓶梅》对陈经济的类似描写中获得启发。

《金瓶梅词话》第八十六回《雪娥唆打陈经济，王婆售利嫁金莲》，西门庆的女婿陈经济与潘金莲有私情，在西门庆死后被西门庆的正妻吴月娘打出家门。到了第九十三回，陈经济落魄到了与叫花子为伍，"晚夕在冷铺安身，白日间街头乞食"，后来到晏公庙里当道士，又因偷盗庙产，在庙中不能安身，再与要饭的乞丐为伍，乞丐头侯林儿带他去水月寺修伽蓝殿，做民工。再往后已经嫁到周守备府的庞春梅派人找到他接走，陈经济又时来运转，过起了荣华富贵的生活。当然最后又被张胜所杀。

在陈经济的这些故事里，他先在道观混了一段时日，后来又在和尚庙里帮工。而《红楼梦》中始终有茫茫大士、渺渺真人这一僧一道的神话背景，第二十一回宝玉读《庄子》并写了一段续《庄》文字，第二十二回又悟禅，也都是从佛、道两种背景"伏线"的。因此，曹雪芹很可能从陈经济的故事获得启发，写佚稿中的贾宝玉落魄，也会有一段与佛寺、道观的因缘。当然贾宝玉和陈经济无论道德品质、精神境界、理想追求都完全不同，因此也会有不同的具体情节。

佚稿中贾宝玉"悬崖撒手"出家为僧后，可能也落到与陈经济相似的情境里，遭遇各种困苦尴尬，最后离开寺庙。与道观的因缘，第二十九回有张道士，引出了深具意味的金麒麟，第八十回则有"王道士胡诌妒妇方"，都是"伏线"和"影子"。第八十回描写："次日一早，梳洗穿带已毕，随了两三个老嬷嬷，坐车出西城门外天齐庙来烧香还愿。这庙里已是于昨日预备停妥，宝玉天生性怯，不敢近狰狞鬼神之像，这天齐庙本系前代所修，极其宏壮，如今年深岁久，又极其荒凉，泥胎塑像皆极其凶恶，是以忙忙的焚过纸马钱粮，便走至道院歇息。"

这座荒凉狰狞的天齐庙里有个油嘴滑舌的王道士，江湖气味很浓。八十回后的佚稿中，宝玉也许会一度落魄到这座庙（实际上是道观）里栖身。正像陈经济落魄时与佛寺、道观都有瓜葛一样，贾宝玉家败后也游荡于寺、观之间，笔者考证是先当和尚后当道士。

贾宝玉出家：遭遇"好了"——无常

非常具体的情节细节想象不是探佚研究的范围，但通过这种粗略的梗概轮廓勾勒，则可以知道，佚稿中写宝玉出家将遭遇非常巨大的折磨和痛苦。他挣扎于受侮辱和损害之中，满腹家族毁灭的深沉哀痛，缅怀着大观园中那些已经死亡离散的美丽女子，会十分强烈地感到人生的虚无、生活的荒诞、价值的虚缺，也就是佛教的"无常"。其具体的感情形态，其实就是第一回渺渺真人唱的《好了歌》，特别是甄士隐的《好了歌解》所描述的：

陋室空堂，当年笏满床；衰草枯杨，曾为歌舞场。蛛丝儿结满雕梁，绿纱今又糊在蓬窗上。说什么脂正浓、粉正香，如何两鬓又成霜？昨日黄土陇头送白骨，今宵红灯帐底卧鸳鸯。金满箱，银满箱，展眼乞丐人皆谤，正叹他人命不长，那知自己归来丧。训有方，保不定日后作强梁；择膏粱，谁承望流落在烟花巷。因嫌纱帽小，致使锁枷扛。昨怜破袄寒，今嫌紫蟒长。乱哄哄，你方唱罢我登场，反认他乡是故乡；甚荒唐，到头来都是为他人作嫁衣裳！

在"陋室空堂，当年笏满床"旁边甲戌本有批语："宁、荣未有之先。""衰草枯杨，曾为歌舞场"旁甲戌本则批曰："宁、荣既败之后。"还有眉批："先说场面，忽新忽败，忽丽忽朽，已见得反覆不了。"这点明，开头四句诗是总冒全诗的，说在宁国府和荣国府还没有建立之前，此地已经有过许多豪门华族历经盛衰，正是一切都不永恒，一切都"无常"的悲叹。

后面的每一句都有贾府、大观园、十二钗的具体对应。如"蛛丝儿结满雕梁"一句旁边批有"潇湘馆、紫芸轩等处"；"绿纱今又糊在蓬窗上"一句批有"雨村等一干新荣暴发之家"；"说什么脂正浓，粉正香，如何两鬓又成霜"，前半句"说什么脂正浓，粉正香"旁批"宝钗、湘云一干人"，后半句"如何两鬓又成霜"旁批"黛玉、晴雯一干人"，红学研究表明，"黛玉、晴雯一干人"是抄书人抄错了位置，这句批语实际上针对的是下句"昨日黄土陇头送白骨"；接着再下一句"今宵红灯帐底卧鸳鸯"，旁批"熙凤一干人"。此外则是贾宝玉、甄宝玉当乞丐，"柳湘莲一干人"作强梁，"贾赦、雨村一干人"

披枷戴锁，贾兰、贾菌又重新发达做官，等等。

"乱哄哄，你方唱罢我登场，反认他乡是故乡。甚荒唐，到头来都是为他人作嫁衣裳！" 这最后几句是总结，把人生比作演戏。明代谢肇淛《五杂俎》中说："人世仕宦，正如戏场上耳，倏而贫贱，倏而富贵，俄而为主，俄而为臣，荣辱万端，悲欢千状，曲终场散，终成乌有。" 第五十回史湘云作了一个《点绛唇》的耍猴儿灯谜，其中说"溪壑分离，红尘游戏，真何趣"，也是类似的意思。

应该说，《好了歌》和《好了歌解》浸透了佛教的教义，中心思想就是"诸行无常""诸法无我""涅槃寂静"的佛教"三法印"。所谓诸行无常，即前面说过的世间万事万物都是因缘和合而生，缘聚则生，缘尽则灭，处于不断的迁流转变中，没有恒常的定性，即"一切有为法，如梦幻泡影"。

诸法无我的我，是主宰和实体的意思。根据缘起思想，世间一切法都须凭借种种条件和合而存在，本身并没有单独的实体。由于没有实体，所以随因缘聚散而不能自在常住。既然是随因缘条件的变化而变化，则不能由自我任意主宰。

因此，世间一切法，即一切事物和现象，包括人，都必然是无我，没有一个形而上的、恒常不变的我。比如人，不过是形体和精神的集合体，由色、受、想、行、识五蕴组成，人只是一个假名，其实虚妄不真，本来无我。人是身心假合，就像房屋由栋梁砖瓦和合而成，离开栋梁砖瓦就没有房屋，离开五蕴和合也就不成其为人。

贾宝玉本来过的是旖旎温柔风流富贵的生活，一旦"忽喇喇似大厦倾"，遭遇政治抄家、姐妹死亡的大变故，最后"落了片白茫茫大地真干净", 自己也落到"乞丐"的境地, 一旦反思, 对佛家的无常、无我自会倍感真切。这当然是来源于曹雪芹自己所经历的家族由盛而衰的变迁感受。因此, 在前八十回中, 这种诸行无常、诸法无我的意识是贯穿全书、时时呈现的。而更为独特的, 就是曹雪芹创造了"草蛇灰线, 伏脉千里"的小说结构, 把这种"风月宝鉴"的正照反照用空前绝后的艺术手段做了卓越的表现。

下面举一些比较典型的例子。

第一回有茫茫大士和渺渺真人对思慕红尘富贵风流的补天剩石说: "善哉, 善哉! 那红尘中却有些乐事, 但不能永远依恃。况又有'美中不足、好事多魔'八个字紧相连属。瞬息间则又乐极悲生, 人非物换; 究竟是到头一梦, 万境归空。"

第二回有贾雨村到野外闲游, 走到一个山环水旋、茂林深竹的地方, 隐隐有座庙宇, 门巷朽败。门前有额, 题着"智通寺"三个字, 门旁又有一副旧破的对联: "身后有余忘缩手, 眼前无路想回头。"贾雨村看了, 心中想: "这两句话, 文虽浅近, 其意则深。我也曾游过些名山大刹, 倒不曾见过这话头, 其中想来必有个翻过筋斗来的, 也未可知。何不进去试试?"结果庙里只有一个聋肿老僧, 所答非所问, 贾雨村不耐烦, 就走出来。

这一段描写旁边, 有不少脂批都点明佛法禅意。针对智通寺, 批曰: "谁为智者, 又谁能通? 一叹!"针对门联, 批曰: "先为宁、荣诸人当头一喝, 却是为余一喝。"针对贾雨村心想门联"文虽浅近, 意思则深", 批曰: "一部书之总批。"针对"想必有个翻过筋斗来的", 批曰: "随笔带出禅机, 又为后文多少语录不落空。"针对贾雨村对聋肿老僧不耐烦的情节, 有脂

065

批曰："是雨村火气。""毕竟雨村还是俗眼，只能识得阿凤、宝玉、黛玉等未觉之先，却不识得既证之后。"又有一段针对整个这段故事的批语："未出宁、荣繁华盛处，却先写一荒凉小境；未写通部入世迷人，却先写一出世醒人。回风舞雪，倒峡逆波，别小说中所无之法。"

第十三回秦氏给凤姐托梦道："婶婶，你是个脂粉队内的英雄，连那些束带顶冠的男子也不能过你，你如何连两句俗语也不晓得？常言月满则亏，水满则溢。又道是，登高必跌重。如今咱们家赫赫扬扬，已将百载，一旦倘或乐极悲生，若应了那句树倒猢狲散的俗语，岂不虚称了一世的诗书旧族了！"又道："婶婶你好痴也！否极①泰来，荣辱自古周而复始，岂是人力能可保常的？"

第二十六回："红玉道：'也不犯气他们，俗语说的"千里搭长棚——没个不散的筵席"，谁混一辈子呢？不过三年五载，各人干各人的去了，谁还认得谁呢？'这两句话不觉打动了佳蕙，由不得眼睛红了，又不好意思好端端的哭，只得勉强笑道：'你这话说的却是。昨儿宝二爷还说明儿怎么样收拾房子，怎么样做衣裳，到像有几万年的熬头。'"

第二十九回贾府清虚观打醮，贾珍代表贾母在神前拈戏，结果拈了三个戏名，依次是《白蛇记》《满床笏》《南柯梦》。《白蛇记》是汉高祖刘邦斩蛇起义的故事，隐喻贾家的第一第二代祖宗开创了荣华富贵；《满床笏》是唐朝郭子仪七子八婿皆官高爵显笏板满床的故事，隐喻贾家达到鼎盛；《南柯梦》源于唐

---

① 人民出版社周汝昌校本《红楼梦》作丕极，不作否极，应是原笔如此。

王熙凤梦会秦可卿（清·孙温绘　局部）

人传奇，隐喻到头来一切皆是空幻。

第五十四、五十五回贾府过年过元宵节，其实是由兴盛向衰败的转折点，在热闹的情节中，有许多物极必反的隐喻。如凤姐说笑话："一家子，也是过正月半，合家子赏灯吃酒，真真的热闹非常，祖婆婆、太婆婆、婆婆，媳妇、孙子媳妇、重孙子媳妇，亲孙子、侄孙子、重孙子、灰孙子，滴滴溚溚的孙子、孙女儿、侄孙女儿、外孙女儿、姨表孙女儿、姑表孙女儿，嗳哟哟，真好热闹！"但后面"冰冷无味"，没了下文。凤姐又说放炮仗的笑话，最后却说："咱们也该聋子放炮仗，散了罢！"放完炮仗之后，又让小戏子打了一回莲花落——正是讨吃要饭的节目。

第五十六回开始，重点描写贾府内部"恨不得你吃了我，我吃了你"的各种错综复杂的矛盾冲突，到第七十五回和七十六回的中秋节，就已经是即将毁灭的前夕。林黛玉和史湘云坐在月夜的大观园联句，最后吟出了"寒塘渡鹤影，冷月葬花魂"的凄凉诗句，预兆了十二钗即将夭亡，贾府即将毁灭。

贾宝玉重会史湘云：离空证情

八十回后的佚稿内容，是破败死亡相继，大观园的女孩子一个一个遭遇悲惨的结局，贾府在朝廷政治派系的斗争和家族内部的自杀自灭中"忽喇喇似大厦倾"。贾宝玉和王熙凤是经历这些痛苦打击最核心的两个人物。王熙凤"生前心已碎，死后性空灵"，"一从二令三人木，哭向金陵事更哀"。而贾宝玉在遭遇了种种困厄悲苦之后，其心灵、思想、感情则经过了由情而空、由空再证情的道路，也就是第一回空空道人"因空见色，由色生情，传情入色，自色悟空"，遂改名为情僧，《石头记》也变成了《情僧录》。

由空再证情的情节实现，就是贾宝玉最终离开了佛寺和道观，还俗和同样历尽沧桑的史湘云结合。自从周汝昌先生提出这个论点，笔者在《史湘云嫁贾宝玉说》《草蛇灰线之演绎》（《红楼梦探佚》）等文章中予以全面论证之后，已经获得了越来越多的人认同这个结论。下面把主要的论据论证撮述一下。

一、林黛玉是"潇湘妃子"，史湘云的名字双关"湘江水逝楚云飞""云散高唐，水涸湘江"，正是用的大舜王二妃娥皇、女英怀悼舜王而哭出"湘妃竹"、投入湘水成了女神的典故。暗寓黛玉和湘云分别是贾宝玉盛、衰两个时段的爱人。

贾宝玉有绛洞花王、混世魔王、遮天大王的"三王号"，也是与大舜王并驾齐驱的"王"，一个"情圣"和"哲学王"，一种新的意识形态的化身。因此第七十六回特别描写林黛玉和史湘云坐在"湘妃竹墩"上吟诗联句，其警句是"寒塘渡鹤影，冷月葬花魂"。

二、第五回的"红楼梦"曲子，前八十回中所写史湘云和贾宝玉、林黛玉、薛宝钗的关系，都暗伏了史湘云将在佚稿中继黛、钗之后与贾宝玉结合。

三、贾宝玉第二十二回悟禅所填《寄生草》属于"北点绛唇"，而第五十回史湘云所作耍猴儿诗谜也用"点绛唇"词牌，有意关合，在内容字句上也非常接近，如《寄生草》说"到如今，回头试想真无趣"，《点绛唇》说"红尘游戏，真何趣"。

四、前八十回中无论海棠诗、菊花诗、雪天联句、柳絮词，曹雪芹用了各种各样的艺术手法，暗示史湘云才是真正的冠军、主角。具体解释见拙著《红楼赏诗》（《红楼梦诗词韵语新赏》）。

五、在第四十回《史太君两宴大观园，金鸳鸯三宣牙牌令》中，贾母等招待刘姥姥，其中一个节目是行酒令掷骨牌，在骨牌点色中，"只有湘云是满红"，影射史湘云才是佚稿中的女主角。（见周汝昌《红楼夺目红》）

六、怡红院中有一块山石，一边是海棠，一边是芭蕉，正是"红香绿玉""怡红快绿"的寓意。海棠是史湘云的象征花卉，第四十九回回目《琉璃世界白雪红梅，脂粉香娃割腥啖膻》，"香娃"正是史湘云，可见"红香"也就是"红湘"。

七、芳官是史湘云的"影子"。第六十三回芳官喝醉酒后睡在贾宝玉身边，白天湘云醉卧石凳子上，是一种双关隐喻，暗伏在佚稿中宝玉要和湘云成为患难夫妻。清代的洪秋蕃针对湘云和芳官醉卧的情节点评说："湘云酒醉，芳官亦酒醉；湘云醉眠，芳官亦醉眠；湘云眠石，芳官亦眠石；石即玉，玉即石。"

八、小戏子藕官在菂官死后又和蕊官好，并说了一番"大道理"："比如男子丧了妻，或有必当续弦者，也必要续弦为是。但只是不把死的丢开不提，便是情深意重了。若一味因死的而不续，孤守一世，妨了大节，也不是礼，死者反不安了。"这番话是芳官向宝玉转述的，宝玉听了，"独合了他的呆性"。而藕官象征宝玉，菂官象征黛玉，蕊官象征宝钗，芳官象征湘云，正是宝玉和黛、钗、湘的"爱情婚姻三部曲"演变的预示。

贾宝玉人生五阶段：以情悟禅

网上有一篇署名一方金所写《论贾宝玉人生五阶段》的文章，实际上是综合了探佚各家的观点，特别是笔者《石头记探佚》中的内容，进而分析贾宝玉的人生和心路历程。当然它也有某些新发明，尤其是归纳出"宝玉人生的五阶段"，并分别以一个女子作每一阶段的枢纽，阐明"以情悟禅"的大旨，还是比较有创意的。

有趣的是文章作者身在大洋彼岸的美国，此文也从来没有以纸媒形式发表。我这里就把它全文录下，使此文得以流布。同时，对佚稿中以情悟禅的向度，比起由我来做论证阐释，也许更能说明问题而引起读者兴趣吧。

"在我的眼下的宝玉，却看见他看见许多死亡；证成多所爱者，当大苦恼，因为世上，不幸人多……"——鲁迅《〈绛洞花主〉小引》（《鲁迅全集》之《集外集拾遗》）

"情悟"是《红楼梦》的宗旨之一。宝玉一生的情悟过程，是与那社会紧密相连的。

曹雪芹之撰《红楼梦》，当是情悟以后的产物。其根本目的，是表达他所"悟"出的对宇宙、人生乃至"情"的看法，以及揭示出在这"情悟"过程中所反映的社会根源。"情"本身，实际还在其次，只是"悟"的载体。而"爱情"，则是又次的事，尽管它往往是最先让人体会到的。

关于《红楼梦》的这一重要"读法"，请看雪芹是怎样通过对通部《红楼》中出现的唯一一位"《石头记》读者"，空空道人，进行"读后感"式的描述的：

> "空空道人……将《石头记》再检阅一遍……方从头到尾
> 抄录回来，问世传奇。从此，空空道人因空见色，由色生情，
> 传情入色，自色悟空，遂易名为情僧，改《石头记》为《情僧
> 录》。" (第一回)

归根结蒂，是"情僧"，是"《情僧录》"啊！

因此，情"悟"之后不但不排情，还要"满怀深情"，
这是我的理解。如果情悟之后归了"空"，那便还没有真正情
"悟"，也就没有雪芹这部《石头记》了。

我同意鲁迅先生对贾宝玉人生的看法。宝玉在人生的"情
悟"过程中，看到的，应多是其"所爱者"的"不幸"；经历
的，应多是其"所爱者"的"许多死亡"。

按照这条思路具体地分析，我认为，贾宝玉的人生"情悟"
过程，应大致可分为以下五个阶段，它们分别伴随着宝玉所喜爱
者的"许多不幸""许多死亡"：

一、色欲。肌肤之淫，人之本能，纨绔子弟的通性，无爱
情。以可卿之毁灭告终。

二、意淫。色欲极限后，向"情不情"升华，进入浪漫的情
感世界，追求思想相通的爱情。但"意淫"思想是为那社会所不
容的。以黛玉的毁灭告终。

三、绝望。浪漫的情感世界的破灭，非爱情的结合，无共同
语言的家庭。终于于极端痛苦中，斩断世情，遁入空门，寻求解
脱。以宝钗的毁灭告终。

四、色空。逃避现实的企图，对世间一切绝情，进入"有形
色空"的境界。然而，残酷的事实使他终于认识到，空门不空。

以妙玉的毁灭告终。

五、情悟。"有形色空"极限后，升华到"无形色空"，即"情空两济"的现实的情感世界，才最终找到心灵的归宿。这一"情悟"，也是人生的"顿悟"，伴随的，是落魄的生活、深刻的反省、超然的精神、不灭的才气。通观大观园中女子，只有湘云具备这种能力与条件，与宝玉共同"彻悟"。

（一）色欲极限论：秦可卿

色欲是人的本能。身为纨绔子弟的宝玉，首先表现出的是对色欲的要求。

意淫，属灵的范畴。这"淫"字，解为"漫延"，而非"淫欲"。所谓"意淫"即"情不情"，解为"不光对对我有感情之人和事动感情，对世间万物，包括对我无感情的事物，比如说花鸟，也均以一情体会之"。用现代的话说，就是"博爱"。

若想从色欲向意淫升华，必先饱尝色欲极限。但并不等于说，日夜贪欢色欲，即可达到升华。这种向意淫升华的能力，也正是通部《红楼》中，雪芹借警幻口点出之宝玉最大聪灵处：整个贾府上下，只你还"略可望成"。

警幻通过授宝玉云雨之事，并供之以"艳中之艳""色中之色"的小妹"兼美"可卿，即为示之："色欲的极限，不过如此。"紧接着，便以可卿、秦钟、贾瑞三位"色欲情痴"之死点醒宝玉，告诉他"色欲"的结局，促使宝玉的人生由色欲达极限，再向意淫转化。同时，也只有宝玉于九岁之龄即在可卿处透尝"色欲极限"以后，他才能从色欲的层次飞跃到意淫的层次。他也才有以后于大观园中"坐怀不乱"，并不以"纳天下美色于一人"为能事，而只爱黛玉这一思想共通者的一系列。这实际上与"潇洒"还无关。若宝玉不是九岁，而是十九岁，他恐怕也很难达到"色欲极限"，不堪点醒了。这是雪芹安排宝玉九岁"初试云雨"的良苦用心，实非"忘了时间的前后一致"也。

因此我说可卿是宝玉情悟过程的第一环节，是影响宝玉人生的第一人。

另外，设置可卿这个人物，我以为雪芹还有意为历来被认为是"祸水""勾引爷们的娼妇"的女人翻案。请看，最终，是谁因廉耻之心而上吊自杀？是谁还在这世间继续寻欢作乐？这"淫"字的责任在谁？这么多美好的女子为什么只配有这么悲惨的命运？

按雪芹之意，女人变"坏"，如凤姐、可卿、尤氏姐妹者，并不是其本性坏，而是她们要生存于那个肮脏的男人世界，而被玷污，不得不做肮脏之事。且最终，受损害的还是她们自己，她们还要背着"祸水""淫妇"的骂名。这公平吗？！（详见第三部分论述。）

（二）意淫自沉论：林黛玉

《红楼梦》只流传下前八十回，世人恨无全璧，才有种种续貂之作。而高续一直被认为是其中佼佼者，"因为它完成了宝、黛的爱情悲剧"。真的吗？

我同意这样的观点：续书，才情还在其次，根本的原则是"要符合原作者原意"。那么，先让我们回忆一下那《红楼梦》中宝、黛爱情的"原意"，即，木石前盟，还泪之说。

神瑛侍者以露水灌溉绛珠仙草，对她有沐浴之恩。于是，待到神瑛思凡下世历劫时，绛珠说：灌溉之恩，无从以报。如今用我一生的眼泪，也抵得过了吧。因此才有宝、黛之情。也因此，黛玉为宝玉，一生流泪，至死不变，泪尽而逝，绝无怨恨，这方是报恩还泪。

再看高续的"调包计"是怎么"完成"它的。

1.黛玉焚稿，直脖喊叫"宝玉，宝玉，你好……"，满怀怨恨，死不瞑目。请问，这还是还泪报恩吗？

2.另外，人为的"调包计"，一边是傻呆呆的入洞房，一边是声嘶力竭的干号，一边是合府上下的得意，这是悲剧吗？简直是闹剧！

3.再看宝、黛最后那次见面，对着傻笑，那美吗？

4.封建社会大家庭的家长对孩子是怎样的？这可从前半部中贾母的言行看出。说透了，自古家长也没有眼看着孩子要傻要疯，而置之不理的。家长设计谋处心积虑地害孩子，这合情理吗？宝玉为黛玉不是没疯傻过，你看贾母与通府上下是如何表现的？

5.其实，早在贾母批"陈词滥调"时便已对这种演滥了的"小人从中挑拨离间"式的简单"悲剧"大加斥责。那也代表了雪芹的艺术观。难道贾母会打自己嘴巴吗？难道雪芹会自我嘲弄吗？

不！不会！解释只有一个：续者的别有用心或情趣大异于雪芹。

那么，雪芹要表达的"爱情悲剧"又是怎样的呢？让我们从雪芹的前八十回中找些线索。

中国封建大家庭如贾府者，千争万斗无非一件事：财产继承权。而宝玉正是贾府"万贯家私"的法定继承人。因此，凡窥视贾府财产者必害宝玉。而害宝玉必害两人，此二人不活，宝玉休矣。谁人？一是林妹妹，一是凤姐姐。前者为宝玉精神

林黛玉焚稿断痴情（清・孙温绘　局部）

寄托者，后者为宝玉财产管理人。所以，才有宝玉和凤姐同病相怜，同疯同傻，以后还要同坐牢呢。所以，也才有黛玉被迫害致死之爱情悲剧。这才是雪芹要点醒世人的社会悲剧与爱情悲剧的真正联系。其视野的广阔与深刻程度，远非嫌黛玉贫寒多病之世俗理由可比。黛玉之死的根本原因在那个社会的固有悲剧性。

而黛玉又是如何被害的呢？

要想害黛玉这样大门不出二门不迈的大家小姐，只有一个借口，即诬其"勾引宝玉，有不才之事"。这才是黛玉如金钏、晴雯一样被冤被害的直接原因。这是在那个社会家庭谁也护不了的，哪怕贾母、凤姐这两位宝、黛爱情的直接保护者！为何宝玉不说话？盖因宝玉远出不在矣（多为边外战事，因贾府是武将出身）。因此，才有黛玉备受诬陷，日夜流泪念着宝玉，盼宝玉归，"想林姐夫"（前半部中探春语）。无奈，终于不堪折磨，没有等到宝玉回来，而为宝玉"担了虚名"，于"中秋联句"的第二年中秋之夜，"泪尽而逝"，很可能是自沉于凹晶溪馆前的池塘。

请想：

1.宝玉悼金钏为何在井台？

2.宝玉悼晴雯为何在池边？

3.宝玉读完《芙蓉女儿诔》，为何黛玉突然从池边走出？

4.黛玉号"潇湘妃子"，而那传说中的娥皇、女英两妃子在哭斑了"湘妃竹"后是怎么死的？自沉！

5.黛玉《葬花吟》中如何说？

天尽头，何处有香丘？！

未若锦囊收艳骨，一抔净土掩风流；

质本洁来还洁去，强于污淖陷渠沟。

这后两句正是第一句的补充。"未若"当"不如"解，说明那"净土掩风流"只是"美好的希望"，那"污淖陷渠沟"才是实际情况啊。这不正是不得净土掩埋的明证吗？

6.再有，黛玉面对一池秋水的最后绝唱是什么？"冷月葬花魂"！

…………

总之，由雪芹前部书中所提供之线索可推，将来宝玉悼黛玉，很可能同样是在水边，盖因黛玉自沉于水矣！

也只有黛玉是如此地为宝玉担着虚名，饱受人间摧残，还泪报恩，至死无怨，才算"证前缘"，不负"木石前盟"。宝玉呢？也只有从此后对黛玉终日不忘，绝无贪恋宝钗、麝月娇妻美妾之理，乃至"悬崖撒手"、遁入空门，也才叫"证前缘"。

这才叫悲烈的"还泪报恩"啊！这才是具有美学价值的"爱情悲剧"，它是与那社会的悲剧紧密相连的，具有其深刻的必然性和不可挽回性！

相比之下，那"调包计"是多么小家子气，多么廉价，多么偶然牵强。如要是那样，一部《梁祝》足矣。何需雪芹"披阅十载，增删五次"？！就只为重复一遍《梁祝》？那雪芹可真是大笨伯了。另外，严格地说，《梁祝》根本就是雪芹借贾母之口大加批驳了的"凭空杜撰"。试想，那样狠心的父母家庭，即使在中国封建社会，又有多少代表性？有多少普遍的现实意义？进而，这样一个近似闹剧的"悲剧"又有多少深刻的美学价值？

（三）万艳同悲论：薛宝钗

钗、黛优劣，已是沸沸扬扬二百年的老问题了。个人好恶，无可厚非。然而，我认为，从理解雪芹"原意"出发，议论大观园中人孰优孰劣，从根本上讲，是背离了雪芹的"其中味"，是杞人忧天，是自作多情！为什么呢？要说雪芹心中对种种人物有无好恶？有！请看《红楼梦》中文字。

1．"女儿是水作的骨肉，男人是泥作的骨肉。我见了女儿，我便清爽；见了男子，便觉浊臭逼人。"（第二回）

2．"女儿未出家，是颗无价的宝珠；出了嫁，不知就怎么变出许多的毛病来，虽是颗珠子，却没有光彩宝色，是颗死的了；再老老①，更变的不是珠子，竟是鱼眼睛了。分明一个人，怎么变出三样来？"（第五十九回）

可见，雪芹借宝玉之口明确表明态度：相对女儿，他厌恶男人；相对女儿，他又厌恶出嫁后的老女人（实际上，那是因为她们已被男人玷污了）。而对大观园中女孩子，包括十二钗中的可卿、凤姐和李纨，他是什么态度？如果我没理解错上面的两个"好恶定理"的话，她们都应被列为被喜爱、被同情、有才无运、"有命无运"的一类之中。这里，包括黛玉、晴雯，也包括宝钗、袭人，同时还包括"淫荡"的秦可卿、"干坏事"的王熙凤、和"品行不端"的尤二姐、尤三姐，对吗？

接下来，再让我们看看雪芹是怎么在开卷之首，点明"初旨"，明确表态的吧！

"……但书中所记何事何人？自又云：今风尘碌碌，一事无

---

① 再老老：周汝昌校本注释，口语常用语式，如"再长长""再大大"，皆一例。

成。忽念及当日所有之女子，一一细推了去，觉其行止见识，皆出于我之上。何堂堂之须眉，诚不若彼一干裙钗？实愧则有余，悔则无益之大无可奈何之日也！……我之罪固不能免，然闺阁中本自历历有人，万不可因我不肖，则一并使其泯灭也……"（第一回）

由此可见，在雪芹心中，那大观园中"所有之女子"，包括十二钗正、副、又副中人，"皆出于我之上"，不可"使其泯灭也"。雪芹将这把眼泪洒向闺阁，也正是要为形形色色的"好女子"大书立传，其目的是揭示出"为什么这么多好女子，她们各有所长，有的清秀中通如黛玉，有的大家规范如宝钗，有的无忧无虑如晴雯，有的细心积虑如袭人，有的恪守妇道如李纨，有的万般情衷如可卿，但她们都逃脱不了'万艳同悲'的命运，统统被归入'薄命司'"的原因。即，她们所生活的那个社会，那个家庭的固有悲剧性！这实际上是一个非常深刻的命题，也是雪芹超出他所生活的那个时代之处。

进而可见，雪芹的着眼点是在彻底表现这些"优秀可爱""各有千秋"之女子的基础之上，揭示其"可怜可悲"的命运之根源，哪里有一点扬此抑彼、肆意唐突之意？（钗、黛的"意境"，还可从第四部分论述中"领略"。）

回到原话题，应该承认，人物性格在不同场合会各有千秋，但雪芹展示钗、黛各自"千秋"的目的，绝不是要"比较优劣"，而是要为他"不管你怎么各有千秋，你也跑不了悲惨的命运"这一更深邃的"开卷主旨"服务！列位看官，您可别自作多情，误入歧途，替古人瞎担忧啊！如果您非要以自己的好恶标准去评判大观园中人，则与雪芹"举家食粥著红楼""字字看来皆是血，十年辛苦不寻常"所要表达的"原旨"大不着调了。

"满纸荒唐言，一把辛酸泪！都云作者痴，谁解其中味？"从这个角度出发，我认为，宝钗对宝玉的劝谏、对黛玉的劝说，都是出于忠厚之心。否则她完全可以不说。宝玉与她无爱情是真，但不能说无感情、不敬重喜爱她。袭人亦然。如果您说宝钗、袭人"藏奸"，我倒要问您一个久藏胸中的问题：您说宝、黛具有"叛逆性格"，是"进步的"，那黛玉究竟希望宝玉将来成为什么样的人呢？所以，问题恐怕不能这样简单地以世俗的眼光来看。

（四）点醒色空论：妙玉

由妙玉打断林、史中秋联句而推，通部《红楼》中与宝玉真正有爱情关系的三位女子同时出场这一重要情节很明显是为妙玉而设。那么，在前八十回中少有关于妙玉和宝玉人生关系描写的情况下，这是很引人注目的。于是，不禁去翻那妙玉续的下半首诗。接在湘云"寒塘渡鹤"（出嫁，亡夫，新寡），黛玉"冷月葬花"（自沉而逝）以后，便是：

香篆销金鼎，脂冰腻玉盆。

箫增嫠妇泣，衾倩侍儿温。

空帐悬文凤，闲屏掩彩鸳。

露浓苔更滑，霜重竹难扪。

犹步萦纡沼，还登寂历原。

这显然是说钗、玉婚姻的有名无实，宝玉"空对着山中高士晶莹雪；终不忘世外仙姝寂寞林。叹人间，美中不足今方信。纵然是齐眉举案，到底意难平"。他无法解脱，痛苦之极，终于"悬崖撒手"，斩断世情，离家出走，遁入空门，也致使宝钗独守空房，很可能泯然逝去，而至死还是女儿身，为宝玉担着虚名。

这是一个怎样的悲剧！难道宝钗会如高鹗所续，成为李纨第二，扮演起贾府的当家宝二奶奶角色来吗？那也太呆板了吧。

那么，另一方面，宝玉"色空"后，真"清净"了吗？未必！请看：

石奇神鬼搏，木怪虎狼蹲。

赑屃朝光透，罘罳晓露屯。

振林千树鸟，啼谷一声猿。

这说明，宝玉入空门后，遇到的是"神鬼搏""虎狼蹲"！很可能，那"神鬼"是来自空门内的迫害；而那"虎狼"则是来自尘世间的惨剧，即，贾府的败落。

这"振林千树鸟，啼谷一声猿"最为关键，是承上启下之句。一方面，它就像是描述贾家在"圣上"的一声震怒之下破败的惨景："好一似食尽鸟投林，落了片白茫茫大地真干净！"更重要的，它又好像是表现宝玉处在心乱如麻似千鸟闹林，"斩不断，理还乱"，欲"空"不能，欲罢无路，陷于对"有形色空"哲思追求的死胡同这种人生"醒悟"的关键时刻，从那空谷之中，突然传来一声惊天地、泣鬼神的仰天猿啸。顿时，那千林百鸟统统化为乌有，宝玉的人生便是在这样的情形下，如满弓之箭、洪泻之水，达到了最后的"顿悟"，升华到"无形色空"的最高境界！

而这"啼谷一声猿"是什么呢？怎样才是雪芹所要表达的"情悟"呢？宝玉人生的最后情态是怎样的呢？请仔细看妙玉续诗的最后一段：

振林千树鸟，啼谷一声猿。

歧熟焉忘径？泉知不问源。

钟鸣拢翠寺，鸡唱稻香村。

有兴悲何继，无愁意岂烦？

苦情只自遣①，雅趣向谁言！

彻旦休云倦，烹茶更细论。

歧，当"路"讲。那第一句是有人在问宝玉：你明明知道路呀，干吗还问路？你明明知道泉在哪儿呀，干吗还问源？即，点醒宝玉，情与空并不排斥，鼓励他再次"超脱"，大胆地回到现实的情感世界，使人生从"有形"的"空"升华到"无形"的"空"，即，情空相济、物我两忘的境界，也即，"有兴悲何继，无愁意岂烦"。这不正是前书中"本来无一物，何处染尘埃""无立足境，是方干净"的翻版吗？！这不正是"情僧"的具体写照吗？！宝玉的第一次"参悟"是在前书第二十二回《听曲文宝玉悟禅机，制灯谜贾政悲谶语》。那时的宝玉还正处于"温柔富贵乡"中，吟风弄月的阶段，怎能真正"情悟"？于是，自然被黛玉、宝钗打断。现在回过头，我们更能体会到黛玉、宝钗等人的境界，更没有理由对她们品头论足，肆意唐突。我们也更深地体会到雪芹对"女儿"所寄予的高度评价，以及雪芹深邃的哲思。

然而，宝玉人生的第二次"禅悟"，又是谁点醒的呢？只有"空门中人"却自称"槛外人"的妙玉！

那妙玉又何尝不是"闲云野鹤"式的性格？我怀疑，宝玉出家后的还俗，是妙玉点醒、"打断"的结果。妙玉在打断林、史联句时说"这样才可翻转回来"，从诗所影射的内容看，实是

---

① 庚辰本、甲辰本、程高本作"芳情"，戚序本、蒙府本、在俄本和杨藏本作"苦情"。从上句"悲何继"及下句"烹茶"看来，当为"苦情"，所谓"品苦茶"也。既有"苦情"又有"雅趣"，但都只能自己排遣，一种孤独的情怀跃然纸上，与中秋节的团圆欢乐之意适成反衬。

指那"情—空—情"的翻转。而妙玉如何才能帮宝玉从"空"向"情""翻转回来"呢？唯一的手段是她自己"云空未必空"！这要比以"槛外人"名义送帖子更触目惊心。她与宝玉的"爱情纠葛"当是在这种背景下发生。那么，妙玉是为点醒宝玉而"终陷淖泥中"，遭受到空门内的迫害，也为宝玉"担着虚名"，甚至含冤逝去，当是很可能的事了。惜无线索可查，具体情节，不敢臆断。

总之，是妙玉使宝玉从"追求色空"到看透"空门不空"，最后达到了现实的"情空两济"的精神世界。雪芹的这种著书趋势，是清楚的。

（五）情空两济论：史湘云

现在，回到最开始，让我们来看看那"空空道人"是怎样"悟空"的。他的"情悟"过程，当正是雪芹所要描述的宝玉的最后"顿悟"过程。

很显然，本来，那空空道人是认为自己已"空"的。但他的"空"表现为克制自己追求"空"，排斥"色"，即世间物象，更排斥"情"，即人们"对色的感动"。所以，他才会时时自称"空空"。

但偏偏问题就出在这"追求""排斥"上。正是因为他追求空，排斥色，他也才时时见色、防色。那么，当他读了《石头记》这描写世间俗而又俗的"色"——"情"的作品之后，便恰恰是"因空"而"见色"，便是很自然的了。

而且，空空道人，不光因为"空"而见了"色"，他还不由自主地"由色"而生发了"情"！请注意，这"情"字可是那个社会的大忌呀。"情痴"的名字，给谁，谁也不好受，他是要受到迫害的，更何况对一个"空门中人"！

但这空空道人终究还"略可望成"。他在备受打击迫害后，终于"悟"到了"云空未必空"。那"情"，与世间万象一样，不是什么特殊的、肮脏的、可怕的东西。于是，他不再排斥"情"，也不再排斥"色"。他不再叫自己"空空道人"，而改叫自己"情僧"了。然而，也只有当他达到这种"情空相溶相济，浑为一体"的境界时，他才真正"悟"到了"空"，即所谓"空不空，情不情"！那么，宝玉在最后情悟后，又是怎样"情空两济"的呢？

当我读到妙玉续诗中的"钟鸣拢翠寺，鸡唱稻香村"时，不禁一震！那不就是雪芹"著书黄叶村"，面对西山碧云寺的情景吗？我不禁猛醒：那最终的宝玉会不会就生活在那"拢翠寺"与"稻香村"两个世界之间？一个山上，一个山下；一个槛内，一个槛外；一个空，一个情！

再想，那大观园里的稻香村是什么地方？是寡嫂李纨生活所在。但李纨"心如槁木死灰"，徒为他人作笑谈。而史湘云，按判词"云散高唐，水涸湘江"，不也正是新婚守寡吗？但雪芹笔下人物命运不会雷同，史湘云"寒塘渡鹤"以后，势不会如李纨"心如槁木死灰"，她还有一段与宝玉的真"金玉姻缘"，以对比宝钗的假"金玉姻缘"。也只有湘云的"闲云野鹤"式的性格情趣，"霁月光风耀玉堂"式的豁达情怀，才会与宝玉"彻旦休云倦，烹茶更细论"，共同"彻悟"，最终结为生活伴侣。

这样，前书第三十一回"因麒麟伏白首双星"的回目，以及湘云面对宝玉的雄麒麟和自己的雌麒麟所发的关于世间万物的"阴阳之说"也才有了着落。这阴阳之论，不仅暗示了湘、玉的婚姻，还明示了湘云后来与宝玉共同"彻悟"的前提。这也是湘云的重头戏将在八十回以后的明证。

值得一提的是，湘云这个人物的原型，很可能在雪芹著书过程中，命运发生重大变化。写书之先，失踪，甚至流落风尘；写到后来，与雪芹相遇，结为连理，方有湘云重头戏在后半部之说。从前八十回中对湘云的描写看，她是十二钗中最洒脱、最先接触到"贫困生活"的女孩子，她后来流落的生活经历，对宝玉的"彻悟"同样起到点醒作用。而雪芹逝前新娶这一史实，则更增加了这种著书安排的可能性。

说到这，让我们再去体会一下宝玉在"大观园试才题对额"时为"杏帘在望——稻香村"所题的对联：

新涨绿添浣葛处，

好云香护采芹人。

此两句均出自《诗经》。第一句取自《诗经·周南·葛覃》"薄浣我衣"，写一新妇很勤快，洗尽葛衣才回娘家；第二句取自《诗经·鲁颂·泮水》"思乐泮水，薄采其芹"，最值得注意。"好云"指云能生色，又兼喻稻香村中"喷火蒸霞一般"的杏花，这是诗家惯例，所以才有"香护"之说。那"采芹人"一般是指"读书人"。

最关键的是，按曹家取名多出自《诗经》这一惯例，雪芹之"芹"很可能就出于这"思乐泮水，薄采其芹"！

那么，我们不禁要重新来理解一下那"好云香护"了。如果我说"云香"之倒念为"湘云"，尚有索隐附会之嫌，那我单说这"云"字在通部《红楼》中只曾被用来形容湘云，应丝毫没有语病。相反，那"新涨"，即"新鲜的春水"，那"好云"，即"喷火蒸霞般的杏花"，又哪有一点李纨的影子呢？

因此，我说，雪芹在此是特笔点出宝玉、湘云的最后结合，也是表达对自己最终的生活伴侣的美好礼赞，当不是捕风捉影吧？

综上所述，宝玉的一生，由于《红楼梦》成书的复杂性，以及存书现状的局限性，对最后两个阶段的具体情节，尚难推断。但，就宝玉人生的"情—空—情"的总体发展趋势而言，还是大致可定的。就雪芹的基本"自叙性"著书成因而论，不管宝玉人生怎样千变万化，最终仍归于如雪芹自身的现实"情空两济"状态，当在情理之中，这也符合脂砚斋在批语中透露的"宝玉在全书最后一回'情榜'上的人生判语为'情不情'"这一结论，以及雪芹在卷首对空空道人读《石头记》后"解其中味"的描述，还有那特笔点出的《好了歌》的"意境"。

证情方悟雪芹禅

张祥龙论贾宝玉天性之痴

北京大学哲学系的教授张祥龙先生，写了一本《海德格尔思想与中国天道——终极视域的开启与交融》，其中讨论的问题，是"西方现象学"与"中国天道"的相遇相契。这是涉及整个东西文化和人类文化命运的大问题，其中论到了佛禅，更为有趣的是，也谈到了《红楼梦》，虽然只有几个页码的篇幅。

张先生对海德格尔的理解是否得当准确仍可讨论，但这几个关于《红楼梦》的页码却非常有启发性，顺着这个思路再深入下去，对禅与《红楼梦》二者之间张力的探讨，似可更上层楼。再进一步，则可以促使禅、《红楼梦》研究和红学都参与到人类文化命运的大思考中去。我们接着张先生引出来的端绪，再做一点抽丝剥茧的功夫。

张祥龙这样说：

龙树的《中论》充分地揭示了"缘起"的终极意义。……实际上，《中论》是释迦牟尼的微妙中道义与芝诺式的犀利思辩的结合；它反驳的不只是小乘有论和标榜死寂之"空"的理论，而是一切想要通过概念方法来探讨终极问题的思想企图。

《红楼梦》是中国文化的梦境和道境的最精致入微的一次融合和展现。……宝玉的天性、梦性可用一"痴"字形容。在《红楼梦》的语境中，这个字充溢着生存境域的终极深意，既不只是被对象左右的"痴呆"，也不只是偏于主观一面的"痴心"，而是痴情于梦境本身的空濛深远而又缠绵不尽。痴者一方面通灵于生存境域，因此"聪俊灵秀之气，则在千万人之上"；另一方面，柔情缱绻于此境而又不知如何从容对付境中体制构架的逼迫，只能以似傻如狂的乖张"支离攘臂，而游于其间"（《庄子·人间世》），所以，"其乖僻邪谬不近人情之态，又在千万人之下"（《红楼梦》第二回），令明白人为之恻隐、为之感伤、为之无可奈何而入终极意境。

……这境界正所谓"为于无为"之境；在老子那里得其源，在孙武子、庄子等人手中张其势，至陶潜、王维、李白、张旭、郑板桥等，则气象铺漫，至曹雪芹，则化为梦境人生中的一段痴情。

……贾宝玉与林黛玉之情既非世俗和肉体的，亦非纯理念精

病神瑛泪散相思地（清·孙温绘）

神的，而是纯梦境或缘境的。西方传统哲学从来进不到"情境"之中。"情"的蕴义，不管是男女间的、母子间的、自然与人之间的，只能通过纯境域而得到理解。道家思想的根底处就有阴阳缠绵发生的大境界，有情有信，无为无形。孔夫子也极喜欢以言男女之情的诗境、乐境来开显仁爱的纯发生之境。好德如好色一般方为至真。

……《红楼梦》一书的妙处就在于能借人生本身蕴含的大机大势而出意境和情境。世人的种种痴心在宝玉那里纯化、境化为看似乖张之极实则醒人之极的痴情，以至满盘皆活，气韵生花。[①]

张先生在这里揭示出一个重要的视域，即《红楼梦》中贾宝玉的"痴"，是"能借人生本身蕴含的大机大势而出意境和情境"，这实际上就是禅宗那种不离生活日用、处处可修道悟禅的识度。周汝昌在《红楼梦与中华文化》[②]中有一节专论"痴"，认为贾宝玉体现的"痴"是"中华文化上的异彩"。把周先生的讲论和张先生的引逗结合起来，能够使我们对《红楼梦》、对禅、对中华文化的观照都有更深一步的推进。

如前所述，前八十回《红楼梦》中，其实只有第二十二回比较集中地写了禅，标目为"听曲文宝玉悟禅机"。前面的章节已经对"草蛇灰线，伏脉千里"中的佚稿面貌做了考察，引申出的思想意境是，宝玉悟禅情节所暗伏的全书"大结局"，并不是贾宝玉看破红尘，归于寂灭空无，而是归于肯定红尘现世的"证情"。

---

① 张祥龙：《海德格尔思想与中国天道——终极视域的开启与交融》，生活·读书·新知三联书店，1996年，第222—223、335—338页。

② 周汝昌：《红楼梦与中华文化》，中国工人出版社，1989年。

其大体情节轮廓，是这样的：后来宝玉在经历了姐妹夭亡和家族败落等大变故后，一度"弃宝钗、麝月"而"悬崖撒手"出家为僧，但故事没有到此结束，贾宝玉并没有在空门中得到归宿，他又与同样遭遇了沦落劫难的史湘云重逢，以"情榜证情"结案。

正如周汝昌在《红楼梦新证》中所说："出家与'情榜'的关系。情榜事在出家以后，因为有一条脂批慨叹宝玉虽然悬崖撒手，到底'跳不出情榜'去。这不但关系着情节次序，也可略见曹雪芹对'情'和'不情'的矛盾处理方法，而还是情战胜过无情的，因为如若不然，既出了家一切放下，全书便可戛然而止，何用还挂记'情'榜？'情'指看待事物人生的态度，好比人生观，不是狭义俗文。"[①]

禅在《红楼》第几层？

曹雪芹《红楼梦》原著的这种故事情节构成，能引发一些很深刻的思考。在过去的语境下，我还只能说："曹雪芹给无情之天补情的大宏之愿，贾宝玉的'情不情'和'意淫'已经接近了希伯来——基督教的所谓'圣爱'。我们只是说'接近'，因为曹雪芹所脱胎而出的文化传统是没有上帝的'儒道互补'和'天人合一'。但曹雪芹以他超前的天才，已经对这种传统投去了怀疑的目光，表现了绝望的情绪，尽管他对这种传统的神韵意境之美是深得其中三昧的。"

---

① 周汝昌：《红楼梦新证》，人民文学出版社，1985年，第892页。

我也不无困惑地发问："曹雪芹和《红楼梦》对我们最有魅力的启示是，中国传统文化在什么样的历史契机下能够既保持它独特的美和魅力，又能够扬弃它的糟粕朽腐？这种两全其美是否仅仅是一个美丽的幻梦？异质文化精神的弘扬是否一定要以抛弃传统的美为代价？个性自由与天人合一，拯救与逍遥命定了只能是非此即彼的势不两立吗？曹雪芹对爱心与自由的呼唤真的只意味着大观园的倾圮吗？《红楼梦》真的只是一道令人心碎的霞彩吗？"[①]

由此接上张祥龙的识度和视域，我对《红楼梦》的文化意义有了更深一层的领悟。我们似乎可以发现中国传统文化融纳西方文化而又不丧失自己独特美质的"契机"，重新考察曹雪芹在《红楼梦》中所体现的"异质"文化精神。也就是说，这种"异质"文化精神其实仍然有它传统文化的深隐的根据，如张先生所论，在海德格尔的现象学和中国儒道禅的"天道"思想的关系中，这种根据能够得到特别的彰显。而禅，作为中华本土文化与异域文化的第一次成功融汇与新生，更富有特殊的前证意义。

从这种新的视域出发，我们问：禅在《红楼》第几层？

先看宝玉参禅的"缘"。外界之事物，与自体以感触，谓之缘。宝玉参禅的缘，就是自身陷入与黛玉、湘云之间的感情纠缠，即宝玉的"自体"与"外界"发生"感触"，引发苦恼，引发对人生作感悟参究。问题的关键点在于，对"苦恼"的人生现世觉悟以后，是走向"虚无"，还是走向对现世更执着的爱？是逃到另一个虚无缥缈的幻境脱离红尘的视域，还是不离世间的终

---

① 梁归智：《红楼梦探佚》，北京师范大学出版社，2010年，第400页。

极思想视域？禅的精髓和本质具有何种导向？是前者还是后者？也就是说，人的终极体验与"人生世间"这个最原本天然的视野的关系是因禅而更亲和还是更疏离？

"明心见性"后，禅乃世间觉

禅不是让人离弃现世，离弃人生，而是让人去除障蔽，超越相对，回归本心自性，所谓"明心见性"。这是可以引许多禅宗公案做例证来说明的。

如沩仰宗香严击竹悟道的公案就是佳例。香严击竹悟道，内心生起了喜悦。明白了这个既忘所知又不假修持的自性，本身就是大道、古道、禅悟之道。悟性的光辉洋溢在生命的每一时刻，动容扬眉，举手投足，心语意的一切行为活动，无不是在表现这个大道，不堕于悄然机，迥然超出那种一潭死水式的枯木禅。而枯木禅平静地观想本心的清净，扼杀活泼的禅悟慧命。

慧能早就极力反对这种禅定："若空心静坐，即著无记空。"（《坛经·般若品》）"起心著净，却生净妄。……净无形相，却立净相，言是工夫。作此见者，障自本性，却被净缚。"（《坛经·坐禅品》）。当参禅者着空、住空时，便为空所缚。堕在悄然机中的枯木禅，能"死"而不能"活"，把出世和入世看作水火不容、相互隔绝的两岸，殊不知大道之内没有这种差别。

在《仰山小释迦——仰山慧寂大师传》中，笔者曾以艺术的方式表现过沩山、仰山、香严等的行迹觉悟，但小说的文体不适宜在此引录，还是参考吴言生《禅宗诗歌境界》中的论述以为点豁吧。

"佛法在世间，不离世间觉"，离开了日常生活，堕于悄然机，就是坐在黑山鬼窟里，溺在一潭死水里，只是凡夫禅、小乘禅，甚至外道禅，而绝非如来禅，更谈不上祖师禅了。也正是由于"不堕悄然机"，故不能拘泥于持戒坐禅的形式。陆希声问仰山是否持戒、坐禅，仰山说既不持戒也不坐禅，并作一偈："滔滔不持戒，兀兀不坐禅。酽茶三两碗，意在镢头边。"（《慧寂》）

杜松柏《禅学与唐宋诗学》谓："禅人在求明心见性，持戒乃由戒得定之方法，若心念滔滔，不断尘念，则持戒犹不持戒，反之，则不持戒犹持戒。此谓天下滔滔，皆持戒者，然以仰山视之，则不持戒之人耳。兀兀如枯木，不起作用，则坐禅乃不坐禅之人，'酽茶三两碗'，以喻日常生活，'意在镢头边'，镢头，锄也，谓如锄之去草，去秽去净，谓日常生活中，饮茶起居，未尝不意在镢头旁，以去秽去净，断凡断圣，故不持戒而未尝不持戒，不坐禅而未尝不在坐禅也。"

仰山诗偈与佛教经典及中国传统思维方式有着相通之处。《维摩经·弟子品》中，维摩诘严厉地责备舍利弗在林中冥想，主张"不于三界现身意，是为宴（按：宴与晏通假）坐""不舍道法而现凡夫事，是为宴坐"，这从根本上推翻了佛家弟子们传统的冥想法。依这种观点，冥想并不是在林中安然静坐，而是"终日凡夫，终日道法"（僧肇注），在一切地方都留驻身心。舍利弗的心灵沉溺于静寂的晏坐之中，所以维摩诘加以批判。

维摩诘对离世冥想的批评为慧能所继承，《坛经》对拘于形式的枯坐毫不客气地予以指责："若言长坐不动是，只如舍利弗宴坐林中，却被维摩诘诃。善知识，又见有人教坐，看心观净，不动不起，从此置功。迷人不会，便执成颠。如此者众。如是相教，故知大错。"（《坛经·定慧品》）

就中国传统思维而言，孔孟曾提出"道也者，不可须臾离者也，可离非道也"（《中庸》），并通过对"道在迩而求诸远，事在易而求诸难"的批评，而倡导实践理性精神（《孟子·离娄上》）。中华民族所追求的真理，表现在民生日用之中，它与外来佛教思想相化合，成了"后来隋唐时代新佛教的标志'触事而真'这句口号的起源"，僧肇《不真空论》说如来并不离弃真理的世界，而承受一切现实的存在，即"非离真而立处，立处即真"，这成了僧肇以来"最具中国特色的思维"（柳田圣山《禅与中国》）。

南宗禅注重不落阶级的顿悟，摒斥持戒、坐禅这一类修持工夫，鄙弃"一具臭骨头，何为立功课"式的枯坐，主张饥来吃饭困来眠，平常心是道，于是，禅就体现在担水、劈柴、饮茶、种地这些日用之中。

沩山在法堂中坐，库头击打木鱼，火头掷却火沙，抚掌大笑。沩山问他意旨如何，火头说只是因为"不吃粥肚饥"，所以听到了召唤吃饭的木鱼声而感到欢喜。沩山知道他已透过三关，便点头赞许。不食则饥，正是平常心是道的流露。

有一年夏末，仰山从山下上山来问候沩山，沩山问他一个夏天做了些什么事，仰山说自己在下面，"锄得一片畬，下得一箩种"，沩山赞赏他一个夏天没有虚过。仰山反问沩山一个夏天干了什么，沩山说"日中一食，夜后一餐"，仰山说师父一个夏天也没有虚过。

在沩山和仰山看来，随缘任运，日用是道。只要活得自在，劳动也好，休憩也好，都能入佛入禅。要是牵肠萦虑，劳动不是劳动，休憩不是休憩，就会堕于人世苦境。在仰山的开田下种、沩山的吃饭睡觉之间，千万境界在眼前心上流走幻灭，云去天无影，船过水无痕，已达到了毫不造作、自在安然的境界。无造作，无是非，无取舍，无断常，无凡无圣，因而彼此欣赏。两人的默契，正如禅林所咏："开得一片田，种得一箩粟；卞和三献楚王玉，设若不遇识宝人，至今犹在荆门哭；午间一斋，早晨一粥；断弦须是鸾胶续；阳春白雪有知音，山自青兮水自绿。"（《颂古》卷二十五辛庵传颂）

沩仰宗禅人就是这样，把玄妙的禅旨落实于平常生活之中："如何是玄旨？""汝与我掩却门。""如何是和尚家风？""饭后三碗茶。""寂寞无依时如何？""未是衲僧分上事。""如何是衲僧分上事？""要行即行，要坐即坐。""如何是衲衣下事？""丑陋任君嫌，不挂云霞色。"沩仰宗指出，虽然现象界看起来不如圣境的美丽高逸，但了悟的禅者却不可离弃现象界而耽于圣境，而是"人生须特达，起坐觉馨香"（香严《达道场与城阴行者》），行住坐卧都流露出禅的芬芳。

色空相即的理趣和意义

第二十二回黛玉用机锋，宝钗用公案，就是揭示出宝玉悟禅还属于初级阶段，是"枯木禅"，怕宝玉这样发展下去，"明儿认真说出这些疯话来，存了这个意思"，但真的出家为僧，离弃红尘，并不是真正的禅悟。

如果联系探佚研究做全局考察，则本回所写只是一种"引文"和"伏线"，它所要引出、达成的终极境界却是佚稿中宝玉一度"悬崖撒手"，最后却返回红尘世界"情榜证情"，回归"痴"的本性，即张祥龙所说的"宝玉的天性、梦性可用一'痴'字形容。在《红楼梦》的语境中，这个字充溢着生存境域的终极深意"。

如前所述，张祥龙对《红楼梦》的识度可以在禅本身之中找到根据和支持。禅的境界，是一切现成的现量境，即禅宗认为世俗智慧是对现象界片断的、虚幻的对象的认识，如果承认主客二分、逻辑推理，就远离了般若智慧的圆融无碍。但禅宗并不主张逃避现实，反而主张从一般凡境切入才能建立禅悟的生命基础，即前面说的饥来吃饭困来眠、平常心是道。禅宗认为禅就体现在日常生活的活动中，如担水、劈柴、喝茶、种地等，无不是参禅的契机。

这也就是般若空观的"色空相即"之意义。《心经》就用凝练精辟的语言表述这种"色空不二"的般若体验："色不异空，空不异色；色即是空，空即是色。"所谓"五蕴皆空""色不异空"，并不意味着世界人物一无所有，在山川河流大地等可见可触的物质世界之外，还有另一个叫作"空"的东西，空并不是我们肉眼所能看到的，这所谓空就是和色相对待的空，其实仍然属于色的范围。

所谓"空"，指万物虽有形相，而究其实际，无非是因缘和合的假相，真体显时，相皆空寂，所以说色不异空。但这个"空"，又不是断灭顽空，而是色蕴的本体。简单地说，色虽分明显现而无实体，所以说色不异空；虽然没有实体而分明显现，所以说空不异色。世俗中人于有相处执色，无色处执空，必须以色空不异来破除其偏见。

色空相即的理趣，佛教的小乘各派及大乘中的唯识学派都没有论及，它是大乘般若思想的精粹。从对禅宗修行的指导意义上来看，色空相即导向了即俗而真、悲智双运的禅修方向。

小乘圣者，观五蕴而证入空寂，离世间而觅涅槃。而大乘圣者则认为，五蕴与空相绝非对立，没有离开五蕴的空，也没有离开空的五蕴。所以应该即俗而真，亲证"世间即涅槃""生死即解脱""烦恼即菩提""即世而出世"。

可见，"般若的空义"，是在诸法缘生的意义上建立的。如果只明诸法空相，不谈缘生与大悲，其所谈之空，便容易落入虚无断灭的恶趣，不能成为空有不碍的正义。因此菩萨是即俗而真、即色是空，不离世俗，甚至以贪、嗔、痴为方便法门。

体证色空相即，有三方面的积极意义。

首先，可以消弭无明烦恼，避免由贪得执着而滋生种种恶业。

四大五蕴，都不是真实的"我"，"我"不过是聚沫、浮泡、阳焰、芭蕉、幻化、镜像、水月。世人被无明遮蔽，执着虚妄的"我"，就生起种种贪欲，杀生偷盗，淫秽荒迷。却不知事物没有固定的属性，都是凭仗一定的因缘和合而成。

其次，可以避免陷溺于枯木顽空。

禅宗只承认水月镜花般的幻有空、真空，而不承认龟毛兔角式的断灭空、顽空。《信心铭》说："遣有没有，从空背空。"当起了排遣有的心念时，就会因为执着于有而被有的谬执所埋没；当起了趋向空的心念时，空已经成了概念，不再是空。把空变成名相，空不但不空，反而比有更容易让人起执着心。只要把空当作和有相对立的另一概念，它就和有联系在一起，从而不再是真空。

僧问如何是禅，禅师说："古冢不为家。"（《五灯会元》卷六《百严》）"古冢"是生命的沉寂，而"家"是自性的跃动。断灭和生机并不相容。真空是将与有相对立的空也空掉的空。执着一般意义上的空、有之任何一边，都属于迷失。

因为这样的空和有是分别心的产物，念头一起，已经违背了本心。要达成禅悟，必须把这些对立的观念扫荡干净。要防止成为枯木寒灰般的空。真空是枯木生花、春意盎然的生命感动，是定云止水中鸢飞鱼跃的气象。

再次，可以悲智双运，弘法利生。

禅者修行，在体证色空相即时，或者沉溺于空境，或者耽执于实色，所谓"取空是取色，取色色无常。色空非我有，端坐见家乡"（《庞居士语录》卷下）。在此基础上，再回机起用，入世度生，"观色即空成大智，故不住生死。观空即色成大悲，故不证涅槃"（《五灯会元》卷二十《行机》），悲智双运，自度度人。（吴言生《禅宗思想渊源》）

贾宝玉的痴情——特殊的禅意

到了《红楼梦》中，宝玉的痴情无疑就是这种禅意的一种特殊表现形式，所谓"意淫""情不情""通灵"等，其实是禅的一种特殊缘法。过去说曹雪芹"以情反空"，反过来其实也可以说"以情入禅"。因为如上所论，禅从本质上说是并不"空"的。禅宗对外来佛教做了扬弃和改造，中国化的禅宗正是在相当程度上扬弃了外来佛教中的"空"。

曹雪芹的《红楼梦》则是中国文化一种最高明的化境，这在最根本的识度上与禅一脉相通。这也是《红楼梦》第一回所谓空空道人"因空见色，由色生情，传情入色，自色悟空，遂易名为情僧，改《石头记》为《情僧录》"的真实含义。周汝昌先生说："'情'字才是要害。……如果空空道人真是由'空'到'空'，那他为何又特特改名为'情'僧，改《石头记》为《'情'僧录》？在这里，曹雪芹岂非早已逗漏消息？……一部《红楼梦》，正是借'空'为名，遣'情'是实。什么'色空观念'，岂非'痴人说梦'。"①

结合前面的论述，我们在此可以引导出一个新的认识：贾宝玉的"痴"、《红楼梦》的"情"、曹雪芹的"禅"，三者实际上是一回事，这也是"假作真时真亦假，无为有处有还无"一个向度的真实意指，也就是张祥龙所说的"充溢着生存境域的终极深意"。

禅是中国传统文化对印度佛教改造化入的产物。张祥龙的论证与前面吴言生的说法大同小异，他说，古代中国的儒家和道家都具备一种不脱离人生世间的"天道观"视野。

比如，孔子最重视的"学"，其最终含义不是脱离了人生日常经验和语言经验的冥会功夫，而是一种学"艺"，比如"六艺"，也就是涵泳于当场启发人的"时中"技艺（礼、乐、诗、

---

① 周汝昌：《献芹集》，山西人民出版社，1985年，第194页。

书、射、御、数等）之中，从而使人在无形中脱开那或"过"或"不及"的、缺少原初视域的思维方式，最终进入"从心所欲，不逾矩"的缘发中和的至诚仁境之中。"仁"绝不只是一个道德原则，而是一个总能走出自我封闭的圈套而获得交构视域的"存在论解释学"的发生境界，与诗境、乐境大有干系。

"至于老庄讲的'道'，也从来没有与'天'分离过。相反，他们正是要强调这道的天意，免得它被人的观念理性和社会体制戕害了。西方传统哲学讲的'自然''实体'和概念语言化了的'逻各斯'都不是这道的原意，反倒是理解它的障碍，必损之又损方可显明道的天意所在。"①

禅也正是充分体现了这种识度。禅宗将佛家缘起说和中国天道观这中国和印度两大传统中的妙谛结合在一起，"将这构成境域的终极观表达得活灵活现、无滞无碍。'不思善，不思恶，正与么时，那个是明上座本来面目！'（《坛经》）这里面没有二元分立，没有与生活经验、缘起经验的离异，也没有人为的观念规定；有的只是从现成形态向使之可能的构成形态的转化，由散漫的分门别类的状态向豁然贯通的缘发生状态的转化。"

《红楼梦》的诗意： "天道""存在"之"终极视域"

曹雪芹的《红楼梦》无疑是这种识度层面上的儒、道、禅之美学体现。从这种意义上说《红楼梦》是中国文化的"百科全

① 张祥龙：《海德格尔思想与中国天道——终极视域的开启和交融》，生活·读书·新知三联书店，1996年，第380—381页。

书"和"一条主脉"才更能得其环中。

"诗为禅客添花锦，禅是诗家切玉刀。"元好问的这两句诗把禅和诗的辩证关系说得十分传神。诗更多艺术的美韵，禅更能显露出哲理的思辨。达到高品位的诗歌，往往蕴含几分禅意。有修养的禅客们，又常常用诗的形式传达其禅理禅悟。然而只有把这种"常识"上升到终极境域，才更能产生象外之象、味外之味。

在强调诗歌是接通人与终极境域这一点上，海德格尔与孔子是"近邻"。作诗和读诗是最具有构成境域性的语言活动。它开启出一个充满了自身韵律和可领悟势态的境界，比主体的观念世界要无可比拟地更丰富、更自持、更可领会，因而似乎是与神灵沟通，使"礼"具有了在场的揭示性。然而，这种神韵盎然的诗境随人的生存势态而消长，从根本上讲是属于人的生存境域本身的。没有哪种繁文缛节、官僚体制和教条化了的教会制度能保留住它。它的源源出现就意味着一个人、一个团体、一种学说乃至一个民族和文化的兴盛；它的消退则意味着它们的衰亡。

周天子通过采风和献诗来观天下气象，与天意相通，与人意相和，可谓人类历史上独具慧眼的开创。它与占星术和谶纬之术完全不同，当然也与现代的依据实证和科学的预测术很不相同。提到儒家文化，就离不开"诗云子曰"。孔子对诗与乐的挚爱、对于它们所富含的思想性的鉴赏，影响了中国两千多年的文化风貌。海德格尔则认为"诗所打开的、并且在格式塔的间隙中先行投射出的就是开启之域"。从事于这种开启终极存在域事业的诗人是纯真的，也一定有超个人的天命，就如同荷尔德林那样。

这样我们也就可以更深刻地理解曹雪芹 "用写诗的方法写小

说"。《红楼梦》洋溢着浓郁葱茏的诗意绝不仅仅是一个"写作技巧"问题，而有着关系到"天道""存在"这种"终极视域"的深远意义。

正是在这一根本点上，《红楼梦》与儒家的"诗云子曰"，与禅的"掬水月在手，弄花香满衣"，与海德格尔所谓"诗意的栖居"打成了一片，几股水汇流成一道泉。关于《红楼梦》里的诗意向度，我在《红楼梦与中国传统美学——"空灵"与"结实"的奇观》（《红楼梦探佚》）等文章中做过比较深入的论述，这里不再展开。我想再深入一步思考的是，《红楼梦》作为体现了中国天道根本识度的一个艺术文本，它在当今西风凌厉的"全球化"语境下，具有成为中华民族之"精神家园"的特殊文化意义。

《红楼梦》的"情禅"：中华文化的"天道"

如果说禅宗曾经成功地接通了中国的古老传统与尼泊尔、印度的异域文化精神，那么《红楼梦》研究、红学也应该参与到当下的中西文化的对话之中，为中国传统文化与西方文化的遇合沟通做出贡献。而已经是中国文化一部分的禅学，自然也应该焕发新的青春活力，与《红楼梦》一起，为新千年的世界文化之"终极视域的开启与交融"承担其一份责任。

西方的概念哲学之"终极识度"，以数学为知识的形式典范，以逻辑为理性的标志，创造出了伟大的科技物质文明，而且正方兴未艾，大有席卷全球之势。但我们也不能无视，这种科技文明在给人类带来各种物质方便和享受的同时，也带来了

"缘在"的异化、诗意的枯竭，"人与世界相互缘发构成的存在论关系被平板化、逻辑化为主体自我与客体对象之间的认识论关系，以至于'存在'变成了一个无家可归的、最空洞的概念"①。

"环顾世界思想，这样充满了构成势态的终极洞察只在中国文化中占了主流。而海德格尔作为一个活跃于本世纪的德国人，在东方的各种学说中，独对这样一种天道观发生了浓厚的兴趣……"②

最耐人寻味的是，禅，《红楼梦》，是"充满了构成势态"的中国文化最生动最杰出的代表，同时是最能与我们当下的生活发生直接缘在的文化载体。"它反驳的不只是小乘有论和标榜死寂之'空'的理论，而是一切想要通过概念方法来探讨终极问题的思想企图。"③

禅意，诗韵，痴情，原来是这样互相发明的。贾宝玉的"正邪二气所赋"之"诗人哲学家"身份，难道不值得我们仔细玩味琢磨吗？

在这种视角下，宝玉对黛玉的呵护，对袭人、晴雯等丫头的娇宠，对平儿的体贴，对香菱的关心，乃至对秦钟，对蒋玉菡，对柳湘莲的情分，就都不能仅仅从世俗的意义层面上，看作"泛情""花心""同性恋"一类，而是一种"情禅"，关系到"天道""存在"这种"终极视域"的深远意义。

---

① 张祥龙：《海德格尔思想与中国天道——终极视域的开启与交融》，生活·读书·新知三联书店，1996年，第5—6页。

② 同上，第15页。

③ 同上，第223页。

须
辨
真
禅
与
假
禅

后四十回续书之伤禅

明白了曹雪芹意想中的禅情禅意,再看《红楼梦》后四十回续书,就会感到这里面的问题太大了。

要知禅在《红楼》第几层,先要弄清禅在《红楼》第几回。

此意何谓?

这是说,有两种《红楼梦》,有两种禅境。（前八十回乃曹雪芹所著,后四十回为另一人所续,续写者或曰高鹗,或谓另有他人,但绝非曹公手笔,则是铁板钉钉,彰明较著。）

禅在《红楼》第几回者,意谓《红楼》谈禅,首先需要辨明是谈的曹雪芹原著的禅,还是后四十回续书的禅。

本书的基本立场是，只有前八十回和通过探佚研究所勾勒的曹雪芹原著全璧，才体现了禅的本质和真谛，而后四十回的续书，则远离了"禅髓"，成了一种伪禅。

以前一些谈《红楼梦》与禅的书文，多要着重后四十回，有一个重要的原因，就是如果只看现象和表面，那么和佛教道教等宗教迷信有关系的故事，后四十回比前八十回要多得多。让我们先做一点"考证"，鸟瞰后四十回的相关情节。

马道婆败露与妙玉走火入魔

第八十一回里，曾经教唆赵姨娘用魔魔法害宝玉和凤姐的马道婆，在又一家官府鼓捣魔魔法而败露，消息传到贾府。贾母让王夫人向凤姐转述，说那家官府把马道婆"身边一搜，搜出一个匣子，里面有象牙刻的一男一女，不穿衣服，光着身子的两个魔王，还有七根朱红绣花针。……把他家中一抄，抄出好些泥塑的煞神，几匣子闹香。炕背后空屋子里挂着一盏七星灯，灯下有几个草人，有头上戴着脑箍的，有胸前穿着钉子的，有项上拴着锁子的。柜子里无数纸人儿，底下几篇小账，上面记着某家验过，应找银若干。得人家油钱香分也不计其数"。

在第八十七回《感秋深抚琴悲往事，坐禅寂走火入邪魔》里，宝玉去看贾惜春，妙玉正和惜春下围棋，宝玉和妙玉搭讪："妙公轻易不出禅关，今日何缘下凡一走？""妙玉听了，忽然把脸一红，也不答言，低了头自看那棋。"

情节继续发展。"只见妙玉微微的把眼一抬，看了宝玉一眼，复又低下头去，那脸上的颜色渐渐的红晕起来。宝玉见他不理，只得讪讪的旁边坐了。惜春还要下子，妙玉半日说道：'再下罢。'便起身理理衣裳，重新坐下，痴痴的问着宝玉道：'你从何处来？'宝玉巴不得这一声，好解释前头的话，忽又想道：'或是妙玉的机锋。'转红了脸答应不出来。妙玉微微一笑，自和惜春说话。惜春也笑道：'二哥哥，这什么难答的，你没的听见人家常说的"从来处来"么。这也值得把脸红了，见了生人的似的。'妙玉听了这话，想起自家，心上一动，脸上一热，必然也是红的，倒觉不好意思起来。因站起来说道：'我来得久了，要回庵里去了。'惜春知妙玉为人，也不深留，送出门口。妙玉笑道：'久已不来这里，弯弯曲曲的，回去的路头都要迷住了。'宝玉道：'这倒要我来指引指引何如？'妙玉道：'不敢，二爷前请。'"

宝玉和妙玉路过潇湘馆，听到黛玉在里面抚琴，二人驻足静听。到最后"妙玉听了，呀然失色道：'如何忽作变徵之声？音韵可裂金石矣。只是太过。'宝玉道：'太过便怎么？'妙玉道：'恐不能持久。'正议论时，听得君弦蹦的一声断了。妙玉站起来连忙就走。宝玉道：'怎么样？'妙玉道：'日后自知，你也不必多说。'竟自走了。弄得宝玉满肚疑团，没精打彩的归至怡红院中。"

再下来，小说中描写妙玉回到庵内，"把'禅门日诵'"念了一遍。吃了晚饭，点上香拜了菩萨，命道婆自去歇着，自己的禅床靠背俱已整齐，屏息垂帘，跏趺坐下，断除妄想，趋向真如。坐到三更过后，听得屋上骨碌碌一片瓦响，妙玉恐有贼来，下了禅床，出到前轩，但见云影横空，月华如水。那时天气尚不很凉，独自一个凭栏站了一回，忽听房上两个猫儿一递一声厮叫。那妙玉忽想起日间宝玉之言，不觉一阵心跳耳热。自己连忙

坐禅寂走火入邪魔（清·孙温绘）

收摄心神，走进禅房，仍到禅床上坐了。怎奈神不守舍，一时如万马奔驰，觉得禅床便恍荡起来，身子已不在庵中。"

妙玉因此"走火入邪魔"，产生幻觉："一回儿又有盗贼劫他，持刀执棍的逼勒，只得哭喊求救。早惊醒了庵中女尼道婆等众，都拿火来照看。只见妙玉两手撒开，口中流沫。急叫醒时，只见眼睛直竖，两颧鲜红，骂道：'我是有菩萨保佑，你们这些强徒敢要怎么样！'众人都唬的没了主意。"

后面贾惜春听见，"因想：'妙玉虽然洁净，毕竟尘缘未断。可惜我生在这种人家不便出家。我若出了家时，那有邪魔缠扰，一念不生，万缘俱寂。'想到这里，蓦与神会，若有所得，便口占一偈云：'大造本无方，云何是应住。既从空中来，应向空中去。'"

宝玉黛玉妄谈禅

在第九十一回《纵淫心宝蟾工设计，布疑阵宝玉妄谈禅》中黛玉和宝玉说，宝钗病了，宝玉没有去看，宝钗恼了。宝玉道："这样难道宝姐姐便不和我好了不成？"黛玉道："他和你好不好我却不知，我也不过是照理而论。"宝玉听了，瞪着眼呆了半晌。黛玉看见宝玉这样光景，也不睬他，只是自己叫人添了香，又翻出书来细看了一会。

只见宝玉把眉一皱，把脚一跺道："我想这个人生他做什么！天地间没有了我，倒也干净！"黛玉道："原是有了我，便有了人；有了人，便有无数的烦恼生出来：恐怖，颠倒，梦想，更有许多缠碍。——才刚我说的都是顽话，你不过是看见姨妈没精打彩，如何便疑到宝姐姐身上去？姨妈过来原为他的官司事情心绪不宁，那里还来应酬你？都是你自己心上胡思乱想，钻入魔道里去了。"

宝玉豁然开朗，笑道："很是，很是。你的性灵比我竟强远了，怨不得前年我生气的时候，你和我说过几句禅语，我实在对不上来。我虽丈六金身，还借你一茎所化。"

黛玉乘此机会说道："我便问你一句话，你如何回答？"宝玉盘着腿，合着手，闭着眼，嘘着嘴道："讲来。"黛玉道："宝姐姐和你好怎么样？宝姐姐不和你好你怎么样？宝姐姐前儿和你好，如今不和你好你怎么样？今儿和你好，后来不和你好你怎么样？你和他好他偏不和你好你怎么样？你不和他好他偏要和你好你怎么样？"

宝玉呆了半晌，忽然大笑道："任凭弱水三千，我只取一瓢饮。"黛玉道："瓢之漂水奈何？"宝玉道："非瓢漂水，水自流，瓢自漂耳！"黛玉道："水止珠沉，奈何？"宝玉道："禅心已作沾泥絮，莫向春风舞鹧鸪。"黛玉道："禅门第一戒是不打诳语的。"宝玉道："有如三宝。"黛玉低头不语。只听见檐外老鸹呱呱的叫了几声，便飞向东南上去。宝玉道："不知主何吉凶。"黛玉道："人有吉凶事，不在鸟音中。"

失玉·扶乩·凤姐求签·符水驱妖

第九十四回《宴海棠贾母赏花妖，失宝玉通灵知奇祸》说怡红院那株已经枯萎的海棠忽然开了花。贾赦说："据我的主意，把他砍去，必是花妖作怪。"贾政说："见怪不怪，其怪自败。

不用砍他，随他去就是了。"而贾母说："什么怪不怪的。若有好事，你们享去，若是不好，我一个人当去。"

但很快宝玉的通灵玉就莫名其妙地不见了。李纨等找人测字，邢岫烟则去找妙玉扶乩。第九十五回妙玉在岫烟的苦求下，"叫道婆焚香，在箱子里找出沙盘乩架，书了符，命岫烟行礼，祝告毕，起来同妙玉扶着乩。不多时，只见那仙乩疾书道：'噫！来无迹，去无踪，青埂峰下倚古松。欲追寻，山万重，入我门来一笑逢。'书毕，停了乩。岫烟便问请的是何仙，妙玉道：'请的是拐仙。'"紧接着，则是元春薨逝，宝玉因失玉而疯癫。

第一百零一回是《大观园月夜感幽魂，散花寺神签惊异兆》。在这一回凤姐在大观园恍惚之间看到了秦可卿的鬼魂，后来散花寺的姑子大了到贾府，宣传散花菩萨的灵验，凤姐"自从昨夜见鬼，心中总是疑疑惑惑的，如今听了大了的话，不觉把素日的心性改了一半，已有三分信意"。

过几天就到散花寺上香求签，签上说："去国离乡二十年，于今衣锦返家园。蜂采百花成蜜后，为谁辛苦为谁甜！"宝钗知道了以后说："家中人人都说好的。据我看，这'衣锦还乡'四字里头还有缘故，后来再瞧罢了。"

第一百零二回《宁国府骨肉病灾禩，大观园符水驱妖孽》："都说大观园中有了妖怪。唬得那些看园的人也不修花补树，灌溉果蔬。……过了些时，果然贾珍患病。竟不请医调治，轻则到园化纸许愿，重则详星拜斗。"

"……贾赦没法，只得请道士到园作法事驱邪逐妖。择吉日先在省亲正殿上铺排起坛场，上供三清圣像，旁设二十八宿并马、赵、温、周四大将，下排三十六天将图像。……"

雨村见士隐·惜春要出家·宝玉再梦游

第一百零三回《施毒计金桂自焚身，昧真禅雨村空遇旧》，贾雨村升了京兆府尹，路过知机县，到了急流津，在一个破庙里遇见一个道士，就是已经成仙的甄士隐。甄士隐回答贾雨村的问话说："来自有地，去自有方。"又说："葫芦尚可安身，何必名山结舍。庙名久隐，断碣犹存。形影相随，何须修募。岂似那'玉在匮中求善价，钗于奁内待时飞'之辈耶！"

第一百十五回《惑偏私惜春矢素志，证同类宝玉失相知》。贾惜春在地藏庵尼姑的挑逗下，更加强了铰头发出家当尼姑的心愿。"岂知尤氏不劝还好，一劝了更要寻死。"而到这一回结尾，一个和尚送来了贾宝玉丢失的通灵玉。

第一百十六回《得通灵幻境悟仙缘，送慈柩故乡全孝道》，宝玉昏死过去，魂魄又到了太虚幻境，见到了已经死去的鸳鸯、晴雯、尤三姐、凤姐、秦可卿、林黛玉等，醒来以后就换了一个

贾宝玉悟道知因果（清·孙温绘）

人，病好了，却也已经"觉悟"，准备出家为僧了。那时惜春便说道："那年失玉，还请妙玉请过仙，说是'青埂峰下倚古松'，还有什么'入我门来一笑逢'的话，想起来'入我门'三字大有讲究。佛教的法门最大，只怕二哥不能入得去。"宝玉听了，又冷笑几声。宝钗听了，不觉的把眉头儿吃揪着发起怔来。

和尚送玉·宝玉离家

第一百十七回《阻超凡佳人双护玉，欣聚党恶子独承家》中送通灵玉的和尚又来要银子，宝玉同和尚见面。宝玉问和尚："弟子请问，师父可是从'太虚幻境'而来？"和尚回答："什么幻境，不过是来处来，去处去罢了！我是送还你的玉来的。我且问你，那玉是从那里来的？"宝玉一时对答不来，那僧笑道："你自己的来路还不知，便来问我！"宝玉本来颖悟，又经点化，早把红尘看破，只是自己的底里未知；一闻那僧问起玉来，好像当头一棒，便说道："你也不用银子了，我把那玉还你罢。"那僧笑道："也该还我了。"

与和尚一番对谈后，宝玉是彻底"觉悟"了。王夫人问宝玉和尚住在哪里，宝玉笑道："这个地方说远就远，说近就近。"宝钗劝道："你醒醒儿罢，别尽着迷在里头。现在老爷太太就疼你一个人，老爷还吩咐叫你干功名长进呢。"宝玉道："我说的不是功名么！你们不知道，'一子出家，七祖升天'呢。"王夫人听到那里，不觉伤心起来，说："我们的家运怎么好，一个四丫头口口声声要出家，如今又添出一个来了。我这样个日子过他做什么！"

第一百十八回《记微嫌舅兄欺弱女，惊谜语妻妾谏痴人》，贾惜春正式出家当尼姑，但是"带发修行"，成了妙玉的替身。紫鹃愿意跟着惜春出家当尼姑，宝玉对紫鹃说："阿弥陀佛！难得，难得。不料你倒先好了！"宝钗和袭人苦劝宝玉放弃出家的念头，"宝玉听了，也不答言，只是仰头微笑"。后来宝玉又把平常读的《庄子》《参同契》《元命苞》《五灯会元》等收起来，一心准备科举考试。

宝钗试探宝玉，宝玉回答道："如今才明白过来了。这些书都算不得什么，我还要一火焚之，方为干净。"宝钗听了，更欣喜异常。只听宝玉口中微吟道："内典语中无佛性，金丹法外有仙舟。"宝钗也没听很听真，只听得"无佛性""有仙舟"几个字，心中转又狐疑，且看他作何光景。

第一百十九回《中乡魁宝玉却尘缘，沐皇恩贾家延世泽》，宝玉离家赴考，向王夫人跪别："母亲生我一世，我也无可答报，只有这一入场用心作了文章，好好的中个举人出来。那时太太喜欢喜欢，便是儿子一辈子的事也完了，一辈子的不好也都遮过去了。"宝玉又向宝钗告别，宝钗说："是时候了，你不必说这些唠叨话了。"宝玉道："你倒催的我紧，我自己也知道该走了。"最后宝玉仰面大笑道："走了，走了！不再胡闹了，完了事了！"后面有联语说：走求名利无双地，打出樊笼第一关。

中举·辞父·成佛

宝玉在参加完科举考试后，迷失不见，实际上是出家了。贾惜春对王夫人和宝钗说："这样大人了，那里有走失的。只怕他

贾宝玉辞父成佛（清·孙温绘　局部）

勘破世情，入了空门，这就难找着他了。"

第一百二十回《甄士隐详说太虚情，贾雨村归结红楼梦》里，贾政乘船返京途中，"行到毗陵驿地方，那天乍寒下雪，泊在一个清净去处。……抬头忽见船头上微微的雪影里面一个人，光着头，赤着脚，身上披着一领大红猩猩毡的斗篷，向贾政倒身下拜。贾政尚未认清，急忙出船，欲待扶住问他是谁。那人已拜了四拜，站起来打了个问讯。贾政才要还揖，迎面一看，不是别人，却是宝玉。贾政吃一大惊，忙问道：'可是宝玉吗？'那人只不言语，似喜似悲。贾政又问道：'你若是宝玉，如何这样打扮，跑到这里？'宝玉未及回言，只见船头上来了两人，一僧一道，夹住宝玉说道：'俗缘已毕，还不快走。'说着，三个人飘然登岸而去。贾政不顾地滑，疾忙来赶。见那三人在前，那里赶得上。只听得他们三人口中不知是那个作歌曰：我所居兮，青埂之峰。我所游兮，鸿蒙太空。谁与我游兮，吾谁与从。渺渺茫茫兮，归彼大荒"。

顽空否情野狐禅

到了小说结尾，贾雨村又遇见甄士隐。甄士隐"归结"说："宝玉，即宝玉也。那年荣宁查抄之前，钗黛分离之日，此玉早已离世。一为避祸，二为撮合，从此凤缘一了，形质归一。又复稍示神灵，高魁贵子，方显得此玉那天奇地灵煅炼之宝，非凡间可比。前经茫茫大士渺渺真人携带下凡，如今尘缘已满，仍是此二人携归本处，这便是宝玉的下落。"

甄士隐又向贾雨村总结评判十二钗的悲剧结局："贵族

之女俱属从情天孽海而来。大凡古今女子，那'淫'字固不可犯，只这'情'字也是沾染不得的。所以崔莺、苏小，无非仙子尘心；宋玉、相如，大是文人口孽。凡是情思缠绵的，那结果就不可问了。"

以上就是后四十回与佛、道等宗教有关的一些故事情节。那么，这些故事情节里，有"禅"吗？如果有的话，那又是怎样的禅呢？其性质如何？其境界高还是低？它与前八十回的禅可以同日而语吗？前八十回与后四十回，是同一种禅还是两种不同的禅？何者是真禅、祖师禅？何者是假禅、野狐禅？

假作真时真亦假，《红楼梦》自身的这个悖论，同样复杂地纠缠在《红楼梦》与禅的探讨中。

马道婆魔魔法败露，王熙凤散花寺求签，贾母赏花妖，通灵玉丢失，妙玉扶乱，贾赦符水驱妖孽……这些情节都是低级的世俗迷信，可以说和禅是一点边也沾不上的。我们重点讨论一下妙玉坐禅走火入邪魔、宝玉和黛玉谈禅、贾惜春出家为尼、贾宝玉考中举人后遁入空门这几个主要的情节，看看是否具有禅意。

妙玉"屏息垂帘，跏趺坐下，断除妄想，趋向真如"的坐禅，正是禅宗各种公案竭力批评的"枯木禅"，即执着于形式上的"空"。后四十回描写妙玉对宝玉暗怀情愫，止不住春心荡漾。宝玉一句问话，她就禁不住脸红心跳，连听到猫叫春也意动神摇，在这种情况下勉强打坐，结果就发生了"走火入魔"的精神错乱。

这个故事表现的境界，很像一般的才子佳人小说，是比较低俗的，也就是曹雪芹在第一回所批评的"佳人才子等书，则又千部共出一套，且其中终不能不涉于淫滥"，而其所要传达的意思，是不守清规的尼姑不能断绝世俗情欲就要遭遇窘境，正面肯定的理想是"枯木禅"的"顽空"。

这就从根本上违背了禅就在生活之中这一禅之大乘本义，对"以情入禅"更是存在很大隔膜，因此走着完全相反的思路。这也必然带来整个故事境界的低俗，连带具体描写也大煞风景。妙玉口吐白沫，抱着老尼叫妈，把前八十回那位孤高奇特诗意盎然的妙玉变得俗不可耐。一句话，就是丧失了诗意而庸俗化——丧失了诗意也就丧失了禅意。总之，这个故事其实是完全没有禅意的。

妙玉在原著佚稿中，是"可怜金玉质，终陷淖泥中"，是"他日瓜州渡口劝惩，不哀哉！红颜固不能不屈从枯骨"（靖藏本《石头记》脂批），研究者以为在经历了浩劫之后，妙玉和贾宝玉有一幕"一僧一尼"的感情悲喜剧，妙玉最终"风尘肮脏违心愿"[1]。

乾隆元年宣布不再将庙产归公的谕旨中，还说到女子出家的年龄："又闻外间有尼僧一种，其中年老无依情愿削发者尚无他故。其年少出家之人，心志未定而强令寂守空门，往往荡检逾闲，为人心风俗之害。且闻江浙地方，竟有未削发而号称比丘（应为比丘尼——引者）者，尤可诧异。应照僧道例，不许招受生徒，免致牵引日众。其情愿为尼者，必待年四十以上，其余概行禁止。"

同年还有谕旨说："又复准年少沙弥道童果无父兄可依，暂

---

[1] 按"肮脏"不是"龌龊"义，而是"抗脏"义，乃挣扎不屈坚持气节的意思，这在古代诗文语境中是正解。如李白《鲁郡尧祠送张十四游河北》中"有如张公子，肮脏在风尘"；文天祥《得儿女消息》诗中"肮脏到头方是汉，娉婷更欲向何人"；曹寅《送程正路之黄陂丞兼怀赤方先生》中"舒卷青云内，非同肮脏行"。

留寺观，造册备案。年至二十不愿受戒及二十以内，力能谋生，愿还俗者听。至年少女尼不准暂留庵庙，惟四体偏废及实无所归者照僧道残废例暂行给牒以赡余生。"（《清朝续文献通考》）妙玉在佚稿中"终陷淖泥中"的故事情节，是否能从这里面得到某种启示呢？不管具体情节如何，那总的精神格局，是妙玉虽历尽沧桑，而终以"证情"结案。

在后四十回的理路中，如果说妙玉是个反面典型，贾惜春就是个正面典型。但这正是一个追求"枯木禅"的典型。她"觉悟"后吟诵偈语："大造本无方，云何是应住？即从空中来，应向空中去。"这里所谓"空"正是"顽空"，她的所谓"明心见性"，就是"我若出了家时，那有邪魔缠绕？一念不生，万缘俱寂"，这也是执着空相本身，不懂禅为何意。

而在曹雪芹原稿中，贾惜春是："公府千金至缁衣乞食，宁不悲乎！"（脂批）"可怜绣户侯门女，独卧青灯古佛旁。"对"顽空"都是并不赞赏的。据我推考，佚稿中写贾惜春出家为尼后，陷入极其孤独悲苦的情境，对自己曾执意撵走自幼服侍的丫鬟入画感到后悔，实际上是另一种形式的否定"枯木禅"而"证情"。[1]这与后四十回的写法形成了鲜明的对照。

宝玉和黛玉"谈禅"，则只是借谈禅的形式互相试探彼此的感情，服务于后四十回的"爱情婚姻悲剧"。这种情节发展，首先不符合前八十回的"伏线"和艺术逻辑。早在第三十二回《诉肺腑心迷活宝玉，含耻辱情烈死金钏》之后，宝玉和黛玉已经互相知音，从此只有彼此惺惺相惜，再没有猜疑和试探，所以第

---

[1] 参见《红楼梦探佚》。

九十一回宝、黛互相试探的情节是完全不合理的。

从禅意本身来说，这种情节模式也已经远离了禅的真意妙谛，徒具一种谈禅斗机锋的表面形式而已。但如果只为谈禅的表面形式所迷惑，那就对禅尚未入门，对《红楼梦》也停留在"槛外"了。

透过现象看本质，我们就发现，后四十回的有关情节所传达的视域和意旨都停留在"俗谛"上，其实远离禅的真精神真气韵，也远离中国天道的几微。因为无论写贾惜春和贾宝玉出家，还是写妙玉尘缘难断，都脱离了"缘起"的真谛，而指向一种二元化的格局，一种"虚无彼岸"和"红尘此岸"的对立，这至多是小乘禅而已。

刘小枫的误解：真禅与假禅

这也难怪刘小枫从他的基督教"圣爱"立场出发，对《红楼梦》后四十回的情节演变产生了困惑，他特别针对后四十回贾宝玉出家的情节质疑："曹雪芹的'新人'终于在劫难的世界中移了'情性'，重新变成了冷酷无情的石头。夏志清教授曾精辟地指出：宝玉的觉醒隐含着一种奇特的冷漠。与宝钗相比，他显得那样苍白。宝钗甘愿放弃生活的舒服、健康和显赫的地位，甘愿放弃夫妇的性爱，只希望宝玉仍旧仁慈并关怀他人。她最后的惊愕是，一个以对于苦痛过于敏感为其最可爱特质的人，现在竟变得冷漠之极。"

这一段引文摘自上海人民出版社1988年4月出版之刘小枫《拯救与逍遥》第333页，在上海三联书店2001年7月新版《拯救与逍遥》中已经删去，但新版并没有改变其对《红楼梦》的视角和立场。他不肯深入探佚研究的视域，而用"探佚派想要尽力搞清这一问题，但已命中注定离不开索隐"一类话含糊支吾过去。其对《红楼梦》观照的根本失误，一是不深入红学研究的堂奥，二是将活泼的艺术用僵硬的形式逻辑来切割。对禅的观照也有类似的"死于句下"的问题，即还是"要通过概念方法来探讨终极问题的思想企图"之流弊。

贾宝玉由"痴情"变成"冷漠"，也就离开了禅的真谛而蜕变到俗谛。因为只有"痴"，才能够"借人生本身蕴含的大机大势而出意境和情境。世人的种种痴心在宝玉那里纯化、境化为看似乖张之极实则醒人之极的痴情，以至满盘皆活，气韵生花"。痴情一旦被冷漠取代，那"意境和情境""气韵生花"就全完了，消于无形了。

后四十回这样的情节发展，正是对前面第二十二回宝玉悟禅的"顺接"——肯定了顽空，而事实上，曹雪芹却是要"逆接"的，即要否定空而肯定情的。这就是"两种《红楼梦》"在情怀导向上的葛藤纠缠，也可以说是大乘禅与小乘禅的差异和冲突。

从另一角度观照，则后四十回写贾宝玉"高魁贵子"，披着大红猩猩毡斗篷拜别父亲，然后随茫茫大士和渺渺真人飘然作歌而去，又是一种最典型的世俗化人生理想，即"腰缠十万贯，骑鹤上扬州"，既实现了功名富贵、光宗耀祖、忠孝两全，又达到了长生不老、白日飞升、逍遥自在，是一种与"痴"背道而驰的低俗的"儒道佛互补"。

后四十回《红楼梦》因此也从根本上失去了诗意诗境，失去了贾宝玉"充溢着生存境域的终极深意"的那种"痴"，因此也就失去了真正的禅意。有人说：后四十回写林黛玉焚稿那一回不也有一些诗意吗？但小说写得很明白，黛玉焚稿是要"断痴情"，也就是要斩断"终极深意"和"构成势态"。而贾宝玉，也是最后完成了世俗的义务和责任，看破了红尘，远离了人间，也就断了痴情。最后甄士隐的"归结红楼梦"自然也变成了"顽空"的说教，所谓"情"字是沾染不得的，凡是情思缠绵的，那结果就不可问了。这种对情—痴的彻底否定，也就离弃了禅意的本质。

后四十回只是通俗小说，按照一般意义上的"空门"常论敷衍一些通俗的说教和情节，是谈不到禅意的——至多只是小乘禅而已。后四十回的作者其实并不懂大乘禅的本义真谛，不明白禅与诗的深微关系，当然更不可能理解曹雪芹原著所写意淫、通灵之"情禅"，是"充溢着生存境域的终极深意"的。

要贴近曹雪芹原著的如来禅、祖师禅，必须通过探佚的中介揭示后四十回续书的枯木禅、野狐禅。这是一项要求研究者具备很高素质的工作，既需要对小说文本进行深入考证和活泼领悟，又需要对佛禅理论有精深的素养，也就是要求红学和禅学都能升堂入室。否则，就会在肤浅的层次敷衍出一些似是而非的结论。

清初禅悦且共参

清朝的宗教政策

曹雪芹创作《红楼梦》，以康熙、雍正、乾隆三朝自己家族所遭遇的荣辱升沉之真实际遇为小说来源和素材，而曹家的命运又和康熙、雍正、乾隆朝的政治斗争有密切的关系。尽管在具体的"分寸"把握上，红学家们有不尽相同的意见，但"家史自传说"的基本定位自有其不容置疑的合理性。

要讨论《红楼梦》与禅的关系，当然需要了解清朝前期的佛禅文化情况。清朝是少数民族的满族统治汉族的朝代。从1644年满洲贵族挥兵入山海关，攻取北京，顺治皇帝即位，多尔衮摄政，建立了满清王朝，到曹雪芹去世的乾隆二十八年（壬午，

1763或癸未，1764），再到有后四十回续书的程甲本《红楼梦》第一次问世的乾隆五十六年（1791）。

在这近一百五十年的时间里，宏观的宗教信仰之社会氛围和背景是什么样子？具体禅学的基本情况和演变发展，又是怎样的呢？下面参考《清朝文献通考》《清朝续文献通考》以及各种研究著作如《康熙政要》《雍正传》《清王朝的宗教政策》《中国无神论史资料选编（清代编）》《红楼梦中的东北风神》[①]等，对这个问题做一点简单探究。

清朝是满族统治的朝代。清王朝统治者一方面延续自己民族的民俗文化传统，另一方面也继承了汉族的许多宗教文化传统，如祭祀历代帝王贤臣，祭天、祭祖和祭孔，祭祀人神及山川、江河之神，祭祀所谓有益于生民的先农、先蚕、龙神，重祀文昌帝君、关圣帝君等。

在清代，汉传佛教和藏传佛教有所区别。汉传寺院佛教和宫观道教在顺治至乾隆为兴盛期，据《清朝续文献通考》，康熙六年统计"直省敕建大寺庙八千四百五十有八，小寺庙五万八千六百八十有二，僧十一万二百九十二名，道二万一千二百八十六名，尼八千六百十五名，共计寺庙七万九千六百二十有二，僧尼道士十四万一百九十三名"。到了乾隆时又有所发展，"自乾隆元年起至四年止其颁发各省度牒部照三十四万一百十二纸"。

佛教各宗派在清朝时的情况，《清朝续文献通考》中记载：

---

① 〔清〕章梫纂，褚家伟、郑天一、刘明华校注：《康熙政要》，中共中央党校出版社，1994年；冯尔康：《雍正传》，北京：人民出版社，1985年；于本源：《清王朝的宗教政策》，中国社会科学出版社，1999年；王友三编，顾曼君、马俊南注：《中国无神论史资料选编（清代编）》，中华书局，2002年；静轩：《红楼梦中的东北风神》，北方妇女儿童出版社，2006年。

"佛教始祖为中天竺释迦牟尼，后汉明帝永平八年其教始入中国。《魏书·释老志》《隋书·经籍志》言之綦详。降及有唐高僧辈出，各阐师传，遂开宗派，约而计之，都凡十宗：曰律宗，曰俱舍宗，曰成实宗，曰三论宗，曰瑜珈宗，曰天台宗，曰贤首宗，曰慈恩宗，曰禅宗，曰净土宗。言其盛衰，则律宗自明末宝华山三昧律师后，代有闻人；禅宗分派，临济为盛，高僧不可偻指；贤首宗至明季式微，国初柏亭大师成法出，撰述宏富，大阐宗风；天台宗自明末藕益大师后兼开净土法门，灵乘灵耀宏宣此宗，康熙时净土宗大师有省庵梦东达默古昆；瑜珈宗久亡；慈恩、三论诸宗更无人顾问矣。"

这就是说，到清朝时，汉传佛教以禅宗的临济宗最兴盛，天台宗和净土宗也有传人，不过有两宗合并的趋势，律宗和贤首宗也还存在，其他各宗则都已先后消失。清代的汉传佛教僧徒中，有不少明王朝的遗民，其中不乏明朝宗室官宦子弟。这样一来，清朝汉传佛教特别是禅宗，颇有不满清王朝统治的政治倾向。

而清王朝在制定国家政策上，与中国历代皇朝一样，确定以儒家思想为国家意识形态，不能以佛教、道教作为治国的思想依据。天命三年，努尔哈赤就颁发上谕说："人皆称仙佛之善，然仙佛虽善而居心不善者，不能为也。必勤修善行，始能与之相合，人君奉天理国，修明政教，克宽克仁，举世享太平之福，则一人有道，万国数宁，胜于仙佛多矣。"①

意思是佛教道教虽然好，但并非人人能做到，治理国家还是要靠"圣教"（儒家思想）的修明政教。努尔哈赤的这一思想

---

① 陈贤敏选编：《清〈圣训〉西南民族史料》，四川大学出版社，1988年，第1页。

为后来历代清帝所遵循。此后康熙和乾隆都称佛教和道教为"异端"，允许其存在，但不能作为主导的意识形态，只能对儒家思想起补充作用。

佛教和道教的补充作用，在《清朝续文献通考》中是这样表述的："昔人谓学校坏而二氏之教兴，刑赏穷而地狱之说起。神道设教，圣人所尚，与人为善，岂曰小补。历代帝王颇多信仰，'三武'之摧残不旋踵而即复，诸儒辟之不得或亦撷其精华以自淑。"帝王利用佛和道的神道设教，利用其宣传"与人为善"，对政权的巩固和安定是有好处的，因此历史上虽有"三武"（北魏太武帝、北周武帝、唐武宗）的短暂灭佛，但很快就会卷土重来。儒家一方面"辟"——反对佛教和道教，另一方面也"撷其精华以自淑"。这其实也就是清王朝的总体思想。

雍正九年（731）在赐银两重修道教圣地龙虎山殿宇并增置香田时，下谕旨说："域中有三教，曰儒曰释曰道。儒教本乎圣人为生民立命，乃治世之大经大法，而释之明心见性，道家之炼气凝神，亦于吾儒存心养气之旨不悖，且其教皆主于劝人为善戒人为恶，亦有补于治化……"

基于这种立场，清王朝的佛教政策，与其总的宗教政策协调一致，即一方面认儒家为"圣教"正统，佛、道、伊斯兰等教是异端，不得染指"圣教"的正统地位，因此也不允许儒道释三教庙存在。（民间曾有儒道释三教庙，释迦牟尼居中，孔子和老子在两侧，且塑像还略小一些，明显是抬高佛教的。）

另一方面，也给予佛教等异端宗教以适当的生存空间，具体表现为三个方面：对佛教上层采取拉拢争取和打击压制的两面政策；通过对刊刻佛藏经书的掌控而引导控制佛教；对僧人和寺庙的数量规模予以限制。总之，以是否有利于专制政权的稳固和等级社会的安定为旨归，并根据时代形势的差异，以及帝王个人的好恶，而有局部的变化。

顺治与康熙对佛道的异同

清朝的第一任皇帝顺治，笃信佛教，喜好禅宗。顺治十四年（1657），他诏见海会寺禅僧憨璞性聪，请他住万善殿，并赐予"明觉禅师"的封号，听其说法论禅。憨璞性聪是福建延平顺昌县人，十五岁出家，十八岁剃度，跟随百痴元禅师学习禅法，而百痴元是费隐通容的弟子。从顺治六年起，憨璞性聪就在浙江多处寺院任住持，顺治十三年，北京的士绅和僧侣奉请他北上，住城南的海会寺。

顺治对憨璞性聪优礼有加，驾临万善殿，不让憨璞性聪接送礼拜（冯博《明觉聪禅师塔铭并序》）。顺治十六年（1659）发《敕书》曰："禅僧性聪，戒律清严，规模淳朴。……弘阐清规，信无惭于福地。"（《明觉聪禅师语录》卷一）顺治还说："朕初虽尊象教，而未知有宗门者旧，知有宗门者旧，则自憨朴始。"（《天童弘觉忞禅师北游集》卷六）

顺治十五年，皇帝又让性聪特别开具了一个"南方尊宿"的名单，因此特别诏见木陈道忞。性聪恐怕道忞不愿应诏进京，又专门给他写信，歌颂顺治帝"笃信于佛乘"，"宽忍恕礼以待人"，是"佛心天子"，奉劝木陈道忞"不吝洪慈，慨然飞锡，莫负圣明之诚心，有失宗门之正信"（《明觉聪禅师语录》卷十四）。道忞入宫后，顺治称他"木陈师兄"，谕旨中自谦为道忞的"门弟子"。道忞在《北游记》中记载，说顺治脾气暴躁，"不时鞭扑左右"。道忞劝诫说："参禅学道人，不可任情喜怒，故曰'一念嗔心起，百万障门开'，此也。"顺治接受意见，此后"不但不打人，即骂亦稀逢"了。

顺治对玉林通琇更是倍加礼敬，尊他为"帝本师"。顺治十五年，顺治诏见通琇，赐号"大觉禅师"；顺治十六年，赏赐通琇紫衣和"大觉普济禅师"称号；顺治十七年，又请通琇入京，在内廷说禅法，再加尊号"大觉普济能仁国师"。通琇的弟子是"行"字辈，顺治帝就也起法名为"行痴"，对通琇自称"弟子"，对通琇的其他弟子也以"法兄""法弟"相称。《玉林国师年谱》这样记载："师自前三月十五日面圣，留供西苑万善殿者两阅月，常不卸帽，不脱伽黎，上传师真，留供大内，恩蒙顾问。"

《清朝续文献通考》则如是录述："粤稽世祖（即顺治帝——引者）皈依禅宗，顺治十五年遣使迎僧通琇及其徒行森至京供养西苑。十六年谕'尔禅师通琇，临济嫡传，笑岩近裔，心源明洁，行解孤高。故于戊戌之秋特遣皇华之使聘来京阙，卓锡上林。朕于听览之余，亲询释梵之奥，实获我心，深契予志。洵法门之龙象，禅院之珠林者也'。恭绎纶音，尊崇备至。至余如玄水杲、道忞、憨璞聪等皆承召对，不令称臣，致拜都门，宗风自此大振。"

顺治帝真心向往出家为僧的生活，对别人说："朕想前身的确是僧，今每到寺，见僧家明窗净几，辄低回不能去。"自己不能出家，就让近臣吴良辅当自己的"替身"，在悯忠寺（今北京法源寺）落发为僧。顺治帝最宠爱的董鄂妃本不太信佛，顺治帝"时以内典禅宗谕之，且为解《心经》奥义"。顺治十七年八月，董鄂妃病故，顺治帝想出家为僧，在太后和朝臣的阻拦下，没有实现，他无奈地说："若非皇太后一人挂念，便可随老和尚出家去。"

清朝的第二任皇帝康熙则对佛、道二教取"严行禁止"的政策，限制其发展。康熙说："一切僧道原不可过于优崇，若一时优崇，日后渐加纵肆，或别致妄为。"（《清圣祖实录》卷一百一十，二十二年七月乙未条）

不过康熙外出巡游时，仍然喜欢住在名山大寺，经常为寺院题写匾额。比如，康熙四十三年（1704），就给金山寺题写了"动静万古"的匾额，为高悯寺书写了碑文，并重新修建了理安寺的松巅阁。《清朝续文献通考》也说"圣祖巡幸所至寺院各有题词，遇山林学道之士优礼有加，亲制重修天竺碑文"。

雍正控制利用三教

第三任皇帝雍正对待佛教的情况又有所不同，他对佛教尤其是禅宗认识很深。在还当皇子的时候，他就喜欢阅读佛家各种典籍，和僧侣往来，特别是和章嘉呼土克图喇嘛、迦陵性音、弘素等人，过从甚密。康熙五十一年（1712）、五十二年，雍亲王在藩邸举办法会，进行坐七，和章嘉活佛、迦陵性音讲论佛法，在章嘉指点下，得蹈"三关"。章嘉赞许雍亲王"得大自在矣"，雍亲王则称章嘉为"证明恩师"。

雍亲王还找京城中的高僧辩论。众僧推举千佛音禅师，雍亲王召来问难，对方只好奉承他，说："王爷解路过于大慧果，贫衲实无计奈何矣。"他赠给僧人扇子，亲自书写五言律诗于扇面："绿阴垂永昼，人静鸟啼烟。脱网游金鲫，翻阶艳石蝉。无心犹是妄，有说即非元。偶值朝来暇，留师品茗泉。"他在西山建大觉寺，让迦陵信音做主持。

特别是，雍亲王为了谋储位当皇太子，采取以退为进的办法。他把自己打扮成"天下第一闲人"（《清世宗诗文集》卷六《雍邸集序》），写一些淡泊明志的诗，如："懒问沉浮事，闲娱花柳朝。吴儿调凤曲，越女按鸾箫。道许山僧访，棋将野叟招。漆园非所慕，适志即逍遥。"他还编了一本《悦心集》，选的都是看破红尘鄙视荣华富贵的作品，把自己装扮成与世无争的皇子，掩盖争夺皇位的真正目的。

到雍亲王自己当了皇帝，他改变了对佛道的态度，仍将儒家程朱理学作为主导意识形态，"惟循周孔之辙"，对佛、道则控制兼利用，融儒、佛、道为一炉，将政权与神权高度结合。他自己说"十年未谈禅宗"（《御选语录·御制总序》）。不过，积习难改，他有时仍然好谈佛法，同时更把自己比作教主，利用佛教加强自己的权威。比如在年羹尧于雍正二年（1724）七月初二日上的奏折上，雍正批了这样一段话：

京中有一姓刘的道人，久有名的，说他几百岁，寿不可考。前者怡亲王见他，此人惯言人之前生，他说怡亲王生前是个道士。朕大笑说："这是你们前生的缘法，应如是也。但只是为什么商量来与我和尚出力？"王未能答。朕说："不是这样。真佛真仙真圣人，不过是大家来为利益众生，栽培自己福田，那里在色相上着脚。若是力量差些的，还得去做和尚，当道士，各立门庭，方使得。"大家大笑一回，闲写来令你一笑。

　　怡王就是受到雍正宠信的少数两三个兄弟之一的允祥，康熙的第十三子，也是和曹雪芹父辈关系相当密切的王子，雍正封他为怡亲王。这里雍正把怡亲王比作道士，把自己比作和尚，又说都是来为百姓种福田的，并不是真出家，但比真实的出家人更体现了佛道的教义宗旨。雍正问怡亲王：你这个道士为什么要为我这个和尚效力？而怡亲王回答不出来。这是模仿禅宗的机锋，表现自己比怡亲王慧性高，有觉悟。

　　雍正还写了一首《自疑》的诗："谁道空门最上乘？谩言白日可飞升。垂裳宇内一闲客，不衲人间个野僧。"说自己是不穿僧衣的"野僧"，心思不在追求白日飞升、长生不老，而是为天下百姓谋福利。雍正是很自觉地让宗教为自己的专制政治服务。《雍正朝起居注》五年正月十八日条记载，群臣庆贺"黄河清"，蒙古王公也进觐朝贺，提出诵经祈福。雍正回答说"朕亦是释教主"，倡言如果蒙古地区由于做佛事而人畜繁荣，那是受自己的保佑恩赐。不仅允诺蒙古王公的请求，还说自己要给予资助。

　　雍正也给自己起了别号，叫破尘居士，又称圆明

雍正皇帝

134

居士，表示自己是在家修行。雍正十一年，宫中举行法会，召集全国高僧大德出席，雍正亲自说法，收门徒十四人：爱月居士庄亲王允禄、自得居士果亲王允礼、长春居士宝亲王弘历、旭日居士和亲王弘昼、如心居士多罗平郡王福彭、坦然居士大学士鄂尔泰、澄怀居士大学士张廷玉、得天居士左都御史张照、文觉禅师元信雪鸿、悟修禅师明楚楚云、妙正真人娄近垣、僧超善若水、僧超鼎玉铉、僧超盛如川。这里面俗家八人，和尚五人，道士一人，有雍正的兄弟、儿子、亲信大臣等。宝亲王弘历就是后来的乾隆帝，多罗平郡王福彭则是曹雪芹的表兄，曹寅长女（曹雪芹的姑妈）嫁平郡王纳尔苏，福彭即其子。

雍正甚至还任用个别僧人参与政治机密。文觉禅师住在皇宫，雍正对他“倚之如左右手”，据说年羹尧、隆科多、允禩、允禟等人的案子，文觉都出谋划策，参与其事。《永宪录续编》第358页和《养吉斋余录》卷四传录，雍正十一年文觉年届七十，雍正命他往江南朝山拜佛，经过的地方，官员都对文觉顶礼膜拜，“仪卫尊严等王公”，文华殿大学士、吏部尚书、江南河道总督嵇曾筠和税关监督年希尧等都以弟子礼相见。

当然，雍正总的宗旨，是要让宗教为己所用，并依照自己的喜恶和需要而改变对待宗教的态度，也有些天威难测的意思。如对迦陵性音，雍正四年追赠国师，赐予谥号，将其语录收入经藏，表彰他“深悟圆通，能阐微妙”，“其语录乃近代僧人之罕能者”。但过了几年，雍正又下令削黜他的封号，语录撤出经藏，说自己早看出性音品行不端，“好干世法”，还命地方官查访，不允许性音的门徒“将朕当年藩邸之旧迹私记作留，违者重治其罪”。

雍正对佛教内部事务的直接干涉超过了其他帝王。他任命寺院住持，修缮和扩建庙宇梵宫，赐予佛徒封号，特别是扶持某一教派打压另一教派，都表现突出。

雍正十一年，雍正就运用皇权表彰他认可的历史上的高僧，赐予封号，授鸠摩罗什的高足僧肇为大智圆正禅师，沩仰宗的创立者灵祐和慧寂则被分别封为灵觉大圆禅师和真证智通禅师，说这些名僧阐扬佛旨，"救拔群迷"。

萧奭《永宪录》说："凡名山古寺，皆内遣僧主之。"比如雍正认为禅师超盛修行高妙，"宗徒内无有出其右者"，当怡亲王允祥、弘晓父子重修香山卧佛寺后，雍正就命超盛去掌握法席。又如北京护国寺修缮竣工，雍正特别选派玉林琇的徒孙超善去当方丈。

雍正扶持玉林琇一派，而对汉月藏、弘吉忍（弘忍）一派予以打击。汉月藏（法藏）在明崇祯年间著《五宗原》，另一僧人密云悟不同意，与之争论。汉月藏的弟子弘吉忍作《五宗救》，把老师的学说发扬光大，受到禅门学者的欢迎。密云悟又作《辟妄救》，再予驳难。雍正以帝王之尊，亲自干预，说自己明于"禅宗之旨，洞知魔外之情，灼见现在魔业之大，预识将来魔患之深"，为了不让佛门遭到淆乱，"不得不言，不忍不言"，亲自摘录了汉月藏、弘吉忍的语录八十多条，一一予以驳斥，成为一本长达八卷的书，名《御制拣魔辨异录》。并下令销毁汉月藏、弘吉忍的语录和《五宗原》《五宗救》等书，僧徒如果私自收藏，以不敬律论罪惩治。又命地方督抚查明汉月藏派系的徒众，从禅门的临济宗开除出去，"尽去支派，不许蔓入祖庭"。

在相当于《御制拣魔辨异录》序言的《上谕》中，雍正说：

"朕览密云悟、天隐修语录，其言句机用，单提向上，直指人心，乃契西来的意，得曹溪正脉者。及见密云悟录内，示其徒法藏辟妄语，其中所据法藏之言，骇其全迷本性，无知妄说，不但不知佛法宗旨，即其本师悟处，亦全未窥见。肆其臆诞，诳世惑人，此真外魔知见。……如魔嗣弘忍，中其毒者，复有《五宗救》一书，一并流传，冀魔说之不朽，造魔业于无穷。"

雍正对法藏一系的深恶痛绝，一个重要原因是他们结交士大夫，对专制政权构成隐蔽的威胁："今其魔子魔孙，至于不坐香，不结制，甚至于饮酒食肉，毁戒破律，唯以吟诗作文，媚悦士大夫，同于娼优伎俩，岂不污浊祖庭？若不剪除，则诸佛法眼，众生慧命，所关非细。"这是因为清初的禅宗，在江南地区，拥有较多信众，成为一种社会力量。随着明朝遗民多逃禅自隐，怀念明王朝的情绪和某种颓废放纵也成了清初江南禅宗的一时风气，雍正对其甚为敏感。

作为正面的思想武器，雍正编了《御选语录》十九卷。前十一卷选录了晋唐宋明清各朝各代一共十四位高僧的语录，他们是：僧肇、永嘉玄觉、和圣寒山、合圣拾得、沩山灵祐、仰山慧寂、赵州从谂、永明延寿、云门文偃、雪窦重显、密云圆悟、玉林通琇、紫阳真人张平叔、茆溪行森。第十二卷是雍正为亲王时的"语录"；第十三卷是云栖袾宏的著作；第十四至十八卷是"历代禅师语录"，根据《正法眼藏》《指月录》《教外别传》和《禅宗正脉》等选辑；第十九卷是"当今法会"，即在雍正指导下一些亲王、大臣和僧人参禅证悟的诗文。雍正写了二十多篇《序》和《上谕》，置于各卷前后。

这里面的紫阳真人张平叔是个道士，雍正称他为"禅仙"，收录他的著作,并做说明:"紫阳真人作《悟真篇》,以明元门秘要,复作颂偈等三十二篇,一一从性地演出西来最上一乘之妙旨。……篇中言句,真证了彻,直指妙圆。即禅门古德中,如此自利利他,不可思议者,犹为希有。"因为张紫阳是道教徒中三教合一的提倡者,他认为"老氏以炼养为真","如其未明本性,则犹滞于幻形",因此把禅宗的"明心见性"也作为道士的必修课。

雍正在谋求当太子时就相信过武夷山道士的算命,在他的《藩邸集》中收录了《赠羽士》二首和《群仙册》十八首。其《碧霞祠题宝幡步虚词》其二云:"琼宇璇宫日月长,奇花瑶草总飘香。琉璃作殿苍龙卫,云雾裁帷青鸟翔。拂露霓旌珠灿烂,御风鸾驾玉铿锵。常将天福人间锡,奖孝褒忠佑乃方。"希望道教徒也奖孝褒忠,正是三教合一的宗旨。当了皇帝以后,雍正曾把道士贾士芳、张太虚、王定乾等人养在宫苑,为他烧炼丹药,追求长生,最后反中毒而死。

雍正对参学拈古、代别、诗偈、颂古,研究禅宗公案都持贬低态度,说:"拈代偈颂四者,颂最为后,学人于颂古切用工夫,遂渐至宗风日坠。此端一开,尽向文字边作活计。"(《御选语录》卷十八)他因此提倡"了悟自心",自己创造了一套参禅方法。这所谓新的参禅法其实就是儒家以忠君孝亲为核心的伦常,所谓"俗则居家,僧则秉教。为臣常忠,为子当孝。能尽伦常,即位玄妙"(《御选语录》卷十九)。

在雍正的指导下,"自春至夏,未及半载,而王大臣之能彻底洞明者,遂得八人"。这八个人是:皇十六弟庄亲王爱月居士、皇十七弟果亲王自得居士、皇四子和硕宝亲王长春居士、皇五子和硕亲王旭日居士、多罗平郡王福彭如心居士、大学士伯鄂尔泰坦然居士、大学士张廷玉澄怀居士、左都御史张照得天居士。

杜继文、魏道儒《中国禅宗通史》总结评价说：

总之，雍正直接干预禅宗内部事务，以帝王的身份，扮成当代大禅师，消除禅宗叛逆者的成分，把它完全纳入服从和服务于王权需要的轨道。随着清政权的巩固，禅宗再也不能恢复自己独立的特色了。

雍正干预禅宗内部事务，是清代禅宗史上的一个转折点。在此以前，新旧王朝更迭造成的社会动荡，尚未完全平息。禅宗依然保持着明万历年以来持续高涨的势头。突出表现是宗派势力发展，传播地区扩大，涌现出一批有影响的禅师；禅宗的典籍大量编集刊刻。雍正以后，禅宗明显衰落，尽管许多支派仍有严整的传承系统，有比较固定的基地，禅僧的数量继续有所增加，但思想既无创新，对社会的作用也大大缩小。

乾隆收纳佛教入皇权

乾隆在雍正时跟着父皇学禅，成为他的入室弟子之一。他在登基做皇帝之后，则进一步把佛教纳入皇权正统思想体系之中。他曾说，其父雍正深通佛理奥义，在接见僧人时多给予"指示提撕"。后来雍正的这些"指示""散出于外"，为"品行不一""借端生事之人"所利用，和朝廷唱反调。

乾隆说："如昔年世祖章皇帝时，木陈忞大有名望，深被恩礼，而其所著《北游集》则狂悖乖谬之语甚多，至其夸张恩遇处尤为庸鄙。又如玉琳国师弟子骨严行峰，著《侍香纪略》一书，更为诞妄荒唐，供人喷饭。已蒙皇考特降严旨，查出销毁。此中外所共知者。前事可鉴，朕不得不留心申饬。著该部传旨，通行晓谕，凡在内廷曾经行走之僧人理应感戴皇考指迷接引之深恩，放倒身心努力参究，方不负圣慈期望之至意。倘因偶见天颜，曾闻圣训，遂欲借端夸耀，或造作言辞，或招摇不法，在国典则为匪类，在佛教则为罪人，其过犯不与平人等。朕一经察出，必按国法佛法加倍治罪，不稍宽贷。"（《清朝续文献通考》）

这是要求佛教徒的一切言行都只能按照朝廷的政治需要而做调整，体会皇帝的意旨，用儒学指导佛学。

曹家命运与康雍乾政治

曹雪芹写《红楼梦》，有其特殊的家史自传性质，而曹家的盛衰又是与康熙、雍正、乾隆三朝的政治风云变幻复杂地交织在一起。曹雪芹原著《红楼梦》中有许多"假作真时真亦假"的春秋笔法，草蛇灰线的伏笔影射，这在佛禅的向度上也是耐人寻味的。

曹家由兴转衰，有两个大的转捩点。第一次是在康熙晚年，诸皇子争夺储位，原皇太子胤礽立而废，再立而再废，康熙驾崩后诸皇子残酷斗争，最后皇四子胤禛成为胜利者，就是雍正皇帝。他掌权后残杀、幽禁曾与他不是同一条战线的兄弟们，对康熙时代的旧臣僚也换血整治。而苏州织造李煦、江宁织造曹𫖮也先后被抄家。曹家由此而大厦崩塌，遭遇劫难。第二次是到了乾隆朝，此时曹家一度小有复兴，但在乾隆三年（1738）又牵扯进康熙废太子之子弘皙和乾隆皇帝的政治斗争中，终至一败涂地。

根据周汝昌《红楼梦新证》等书文的考证研究，兹将这一时期影响曹家命运的重大政治变迁撮述于下。

康熙时太子胤礽两立两废，诸皇子拉帮结派，窥伺神器，最后皇四子胤禛取得胜利。这一争夺储位帝位的斗争错综复杂，在清史学界也是众说纷纭，莫衷一是。比如雍正继位究竟是秉康熙遗命，还是谋父夺位，就有不同的意见。

认为雍正是合法继位的一种意见，说康熙临终前召见了七位年龄在三十岁以上的皇子和大臣隆科多，亲自宣布了遗命，传位给皇四子胤禛，此事应该属实。因为康熙病危时派雍正代替自己祭天，而祭天一般都是皇帝亲自祭祀，这就有了特殊意味，所谓国之大事，在祀与戎。康熙在召见几个皇子时，还下旨让雍正从天坛赶到康熙寝宫，就是要传皇位给他。那么，康熙临终前是否真的召见了七位皇子和大臣，并真的颁布了一份遗诏呢？

上海学者金恒源（爱新觉罗·恒源）撰《雍正帝篡位说新证》一文。论证说根据对有关史料仔细解读，发现两份满文《康熙遗诏》中都没有由皇四子继位的明确记载，所谓"八人同受面谕"是雍正后来虚构的，现存"遗诏"也是大臣隆科多受雍正之命而伪造。金恒源在文章中指出，著名清史专家王钟翰曾对中国第一历史档案馆珍藏的满文《康熙遗诏》进行考证，王钟翰证实，原件是残缺的。在这份满文的《康熙遗诏》原件中，并没有"皇四子……继位"的内容，也没有"雍亲王皇四子胤禛人品贵重"这最重要的一句话。

另外台湾学术界前几年曾发现了一份所谓的康熙亲笔遗诏，诏书中明确说"传位于皇四子"。但台湾史语所精通满文的清史专家李学智，对原件做了考证，认为目前能看到的所有《康熙遗诏》，全都是在康熙去世三日后，由胤禛所伪造。李学智指出，在伪造遗诏的过程中，首先存在着隆科多"票拟"（即起草）遗诏的事实。其次，所谓"八人同受面谕"同样是雍正伪造的"事实"。

金恒源指出，据史料记载，康熙是在康熙六十一年（1722）十一月十三日晚九点左右"宾天"的，而在临终这一天的凌晨一至三点之间"急召"胤禛。同时在胤禛到达畅春园之前的上午七点左右，康熙已将三、八、十三等七位皇子及隆科多急召入宫，宣布了"皇四子人品贵重……著继皇帝位"的决定。但这些都是雍正在当了皇帝七年之后，才突然举出的证据。

金恒源认为，如果确实存在康熙在他去世的当天上午当众宣布"四阿哥继位"一事，以胤禛的一贯为人和继位合法性斗争的惨烈程度，胤禛不可能把如此重要的信息拖延到七年以后才宣布。所以，答案只有一个，"八人同受面谕"一说完全是雍正、张廷玉等人编造的。

就在十日，胤禛去南郊祭天的那一天，胤禛竟一日"三次派遣护卫、太监等"进驻康熙所在的畅春园，此后每日不断派遣护卫进驻该园。在康熙已经正式宣布"自初十日至十五日静养斋戒，一应奏章，不必启奏"的情况下，胤禛仍可以每日派人进驻畅春园。最关键的是，当时的隆科多任九门提督，专门卫戍京师。如果没有隆科多的支持，雍正绝无成功的可能。

金恒源说，特别值得注意的是，在《圣祖实录》中，对胤禛每日"三次派遣护卫"进驻畅春园这一史实，用的是"候请圣安"，而到乾隆修撰《世宗实录》时，却把"候请圣安"改为"恭请圣安"。"候"是觊觎帝位，有所图谋，改动一个字，是不是暴露出胤禛、隆科多等人的阴谋呢？

胤禛、隆科多联手控制住畅春园，显然只是阴谋篡位的第一步。第二步就是在康熙去世后，用最快速度造成胤禛继位的既成事实，完成篡位。如前所述，清史专家王钟翰早有雍正伪造《康熙遗诏》的说法。所谓《康熙遗诏》，完全是雍正命隆科多"撰书"（起草）的作品。据李学智介绍，台湾史语所保存着康熙六十一年十一月十三日至十二月二十八日的满文《上谕档册》共七十五件。其中有一件内容如下："康熙六十一年十一月十四日诸阿哥等奏：恭阅尚书隆科多撰书《遗诏》。奉旨：是。着交内务府、翰林院会同撰写。"

　　可见，康熙去世时，胤禛、隆科多并没能拿出遗诏来，是隆科多抢先"口述"康熙留下由皇四子"继承大统，即皇帝位"的"遗言"。在康熙去世的第二天，隆科多又在雍正命令下独自起草了《遗诏》，十六日宫内宣读的虽然是内务府、翰林院会同撰写，但底本却出自隆科多之手。

　　金恒源指出，胤禛、隆科多匆匆举行康熙大殓的做法，也透露出了阴谋气息。康熙去世于十一月十三日晚七至九时，第二天（十四日）已登帝位的胤禛就下令举行大殓，而且把大殓的时间定在戌刻（即晚上七至九时）。当时京城天气已经寒冷，尸体存放不存在问题。

　　太平盛世的皇帝大行之礼本来非同小可，新登基的皇帝应该和其他皇子、重臣会同礼部仔细研究方案，选定吉日隆重举行。胤禛为什么这样着急呢？他的目的只有一个，就是借机把皇子、大臣马上召进宫来。一旦进宫，在隆科多严密监控下，这些皇子和大臣就不能别生异议，只能俯首听命。没有任何史料可以证明，康熙去世当晚，三、八、九、十等众阿哥都已及时知道并在场参加了有关的重要活动。

这样，周汝昌在《文采风流曹雪芹》①中的一些说法也就是可以参证的。

雍正阴谋政变、夺位"御极"之后，立即穷治政敌的一切人物，包括骨肉、母妃、亲戚、功臣，以至奴籍——太监和内务府包衣人，尤为他所处心积虑、首先制服的是身虽卑微而事关要害的这些"下贱小人"。

这种例子姑举二三：康熙的宜妃，本是"大孝""至诚"之新圣上之"皇考"的爱眷，乃其诸母之一，只因她是胤禟的生母，将她翊坤宫中的重要太监多名，皆说成是"极恶"之人（并详知其为主为己经营买卖而"极富"），竟尔分遣极边，给兵丁作奴当苦差，如若不肯远去，即勒令自尽！

又如他的另一政敌弟兄胤禩之福晋（正王妃）——助夫反对雍正，即将她母家革去王爵（革后的日子是不好过的）。再如康熙的亲信得力大太监梁九功（京戏《盗御马》中的"梁九公"），于雍正夺位后，不待新皇帝"费心"下令，传旨设词，自己就一根绳吊死了。一句话，雍正的心黑手辣，残酷至极，以至其弟兄胤禩、胤禟等被百般刁难折磨得说：这还不如一下子死于刀下痛快——实在非人所能忍受！

在雍正等主子看来，内府包衣与太监相差无几。所以他一"登极"，先就"整治"曹寅的妻兄（雪芹的舅祖父）李煦。

李煦的罪名是"亏空"官帑。曹、李两家本是"一体"互扶：分任江宁、苏州织造，后又轮替分年管理两淮盐政。二人共

---

① 周汝昌：《文采风流曹雪芹》，书海出版社，2004年。

同负责康熙南巡接驾数次的"亏空",其数目惊人！雍正借着整肃史治的美名,首先严查"亏空"（还命令立将康熙手批密折扫数进缴）。

李煦于康熙一晏驾即时落职,随即严审峻治,到雍正改元的六月,总管内务府大臣已在奏报审治的结果了。此际,李煦之妹——曹頫过继后的母夫人与曹頫本人的处境与心情何似？头上一丝之悬剑,项间九道之刑绳,大约可以约略想象形容吧？

雍正新朝一开始,已将李煦亏空一案交江南督办查弼纳审办。此时继李煦来任的苏州织造胡凤翚,奏报案外又查出李煦任内剩余银六万余两未入库存,请并追。又巡盐御史谢赐履也奏报,曾解过银五万两与苏州织造李煦,又两次解过八万余两与江宁织造。今请两处将该项银两解还（由巡盐御史交户部）。

雍正元年（1723）六月十四日,庄亲王等大臣奏报督臣查办李煦案,共亏银三十八万八千余两,将家产估价抵欠外,尚亏三十五万余两。又两处家属共二十九名口,悉予逮捕。

本年,曹頫曾多次进献物品——想来是为了讨一讨雍正的"欢"心,表示一下自己的"忠诚"。

雍正二年,正月刚到初七（我们民族风俗上称之为"人日",大诗人多有咏题）,曹頫即有奏折。不妨引来并加想象以表述其时情景：

江宁织造署。一处院落厢房,匾上是"西轩"二字,轩内的曹頫,时年二十余岁,正在独自沉思,面现忧郁之色。曹頫回想本年正月初七,即曾呈递奏折,只因伯父——过继父曹寅在任之日,康熙老皇帝屡次南巡,费用浩大,欠下了亏空,如今新皇帝追逼甚紧——

江宁织造，奴才曹𫖮跪奏：为恭谢天恩事。切（窃）奴才前以织造补库一事，具文咨部，求分三年带完。今接部文，知已题请，伏蒙万岁浩荡洪恩，准允依议，钦遵到案。窃念奴才自负重罪，碎首无辞，今蒙天恩如此保全，实出望外。奴才实系再生之人，惟有感泣待罪，只知清补粮钱为重，其余家口妻孥，虽至饥寒迫切，奴才一切置之度外，在所不顾。凡有可以省得一分，即补一分亏欠，务期于三年之内，清补全完，以无负万岁开恩矜全之至意。谨具折九叩，恭谢天恩。奴才曷胜感激顶戴之至！

朱批：只要心口相应，若果能如此，大造化人了！

雍正二年（1724）之四月初四，曹𫖮有一贺表，其文云：

江宁织造奴才曹𫖮跪奏：为边疆凯旋，普天同庆，恭贺圣功事。窃奴才接阅邸报，伏知大将军年羹尧钦遵万岁圣训指授方略，乘机进剿，半月之间，遂将罗卜藏丹金逆众羽党，歼灭殆尽，生擒其母女子弟及从逆之贝勒、台吉人等，献俘阙下。从古武功未有如此之神速丕盛者也。钦惟万岁仁孝性成，智勇兼备，自御极以来，布德施恩，上合天心，知人任使，下符舆论，所以制胜万全，即时底定，善继圣祖未竟之志，广播荒服来王之威，圣烈鸿庥，普天胥庆。江南绅衿士民闻知，无不欢欣鼓舞。奴才奉职在外，未获随在廷诸臣，舞蹈丹墀，谨率领物林达、笔帖式等，望北叩头，恭贺奏闻。奴才曷胜欣忭踊跃之至！

朱批：此篇奏表，文拟甚有趣，简而备，诚而切，是个大通家作的。

雍正对这份奏表的批语，表面上好像在赞许，其实深含讽刺。到雍正二年（1724）五月初六，曹頫又奏晴雨麦收（此乃职分以内旧例），不料雍正的朱批却写道：

蝗蝻闻得还有（按此即久旱之所致），地方官为什么不下力扑灭？二麦虽收，秋禾更要紧。据实奏，凡事有一点欺隐作用，是你自己寻罪，不与朕相干！

织造其实并不是管理民政的地方官，蝗灾、庄稼的好坏怎能让织造负责？一个皇帝向一个臣奴这样说话，全是威吓挑衅，"光棍气"十足，已不再是什么古来的"君臣体统"了。

五月至六月，雍正又命查织造所贡库存纱变色的事。到七月二十四日，负责审办李煦的隆科多题本奏报此案情形。其内容大略说：据江南总督查弼纳审办结果，李煦"亏空"内，实包含盐商少缴秤银三十七万八千八百四十两，应予减去，由盐商等人追赔。具奏人是"太保、尚书兼步军统领、公、舅舅隆科多"和正黄旗汉军都统、兵部尚书卢询，还有内务府大臣常明、来保、李延禧等。

按此案情，将近三十八万两的"少缴"（当时只为"买脸"虚报银数，实无此款缴库，亦即"锦绣瞒天"的一项假象），早已超过了李煦亏空三十五万余两了，证明李煦无罪可言，此案应即审结。但是不然，还要审讯一个重要幕宾办事人沈宜士，还在续捕一个"郭苍书"……

延至十月十八日，总管内务府大臣、庄亲王允禄等又奏，云：据江南总督称，已经逮捕的李煦家属、家仆并男童幼女等共计二百余名口，在苏州变卖，日久无人敢买，现将续审之人须留讯者外，应交内务府处置；得准后，专人押解回京途中，已有男、妇、幼女各一人病故，所余二百二十七名口，除十名家属交还李煦外，应交崇文门监督变价（卖与人为奴）。雍正批示云：大将军年羹尧人少，令他尽先拣取为奴。

这些人口，受不住折磨，已有途中病死者，余人惨状不问可知。特别是所云男童幼女，其中有数十名是可怜的孤儿，由李煦收养存活的无辜者。

年底以前，苏州织造"新红人"胡凤翚又献殷勤，查出李煦历年所种红稻，所存不足，用去一千九百九十余石，也要照价追赔——其实这也是康熙帝明令让他在江南"普及"种植的。这种红稻，《红楼梦》中特别写到过。第七十五回《开夜宴异兆发悲音，赏中秋新词得佳谶》中，贾母要吃稀饭，尤氏捧过一碗来，说是红稻米粥。贾母吃了半碗，就吩咐把红稻米粥送给凤姐吃去，后来尤氏吃饭，仍然是白米饭，贾母责备下人："你怎么昏了，盛这个饭来给你奶奶？"下人说红稻米饭没了，鸳鸯解释说："如今都是可着头做帽子了，要一点富余也不能的。"王夫人补充说："这一二年旱潦不定，田上的米都不能按数交的。这几样细米更艰难了，所以都可着吃的多少关去，生恐一时短了，买的不顺口。"贾母只能来点幽默解嘲："这正是巧媳妇做不出无米的粥来。"由此可见，红稻米是很珍贵的。

李煦家的灾难，当然都与曹頫家息息相关。其实就在同一年，雍正已经开始把曹頫交给怡亲王胤祥"照管"了。这一年曹頫上请安折：

江宁织造奴才曹頫跪奏：恭请万岁圣安。

雍正朱批道：

朕安。你是奉旨交与怡亲王传奏你的事的，诸事听王子教导而行。你若自己不为非，诸事王子照看得你来；你若作不法，凭谁不能与你作福。不要乱跑门路，瞎费心思力量买祸受。除怡王之外，竟可不用再求一人托（拖）累自己。为什么不拣省事有益的做，做费事有害的事？因你们向来混账风俗贯（惯）了，恐人指称朕意撞你，若不懂不解，错会朕意，故特谕你。若有人恐吓诈你，不妨你就求问怡亲王，况王子甚疼怜你，所以朕将你交与王子。主意要拿定，少乱一点，坏朕声名，朕就要重重处分你，王子也救你不下了。特谕。

曹頫面对这样的圣旨，要恭读跪接，门庭妇幼，皆为之觳觫战栗。幼年的曹雪芹，就生长在这样的家势之中。

从雍正二年到五年底，曹雪芹已经长到四岁。而朝廷和家族的命运，都波诡云谲，变幻莫测。雍正三年，帮助雍正稳定政局夺得帝位的大将军年羹尧，遭兔死狗烹之祸，以九十二款大罪"赐他自裁"，其子年富斩首，十五岁以上的年家男子发云南、贵州边远地区充军，家产抄没，以后子孙长至十五岁者皆照遣，永不赦回，有敢隐匿者，以"附逆"论罪。年家族人居官者一律革职。要知道李煦家的家人奴仆前年刚赏给年羹尧，他们的处境又将如何？

雍正四年正月初四起，雍正大肆惩治胤禩、胤禟，革去"黄带子"（开除宗籍），把胤禟的母妃从其府中"迎归宫中供奉"——这就使那位母妃（康熙遗妃）难以活下去了。

胤禟的母亲是"回宫"了，胤禟的妻子则被圣旨"休致回家"，而且须另住，并严密监视，不许潜通消息。不久，雍正又"赐"自尽，并"散骨扬灰"。

三月间，有圣旨斥责杭州织造孙文成与江宁织造曹頫，因缎品粗糙，均罚俸一年。随后，新任苏州织造胡凤翚被责令回京，胡凤翚和妻子年氏、妾卢氏都悬梁自尽。这位年氏夫人，以及刚病逝的雍正侧妃年氏，都是年羹尧的妹妹。

雍正五年新正月，帮助雍正夺得帝位的另一重要大臣隆科多也遭遇鸟尽弓藏之祸，朝议以"大不敬"罪拟斩立决，雍正表示从宽，革尚书职，但最后还是被圈禁高墙内，幽禁而死。

雍正五年二月，康熙去世后即被雍正派去看守康熙皇陵的皇十四子胤祯（被雍正改名为允禵，此为凸显皇帝的至尊，只有雍正一人可用"胤"字，其他兄弟都改"胤"为"允"——个别兄弟为特示荣宠，再赐复名"胤"；"祯"改"禵"则因"祯"与雍正之名"禛"相近），与其子白起，一同被禁锢在万岁山（景山）寿皇殿旁边的小屋里。

这个胤祯是雍正的同母弟，曾被康熙委派为抚远大将军，到西北平定个别部族的叛乱。出兵前皇帝、百官到郊外饯行，场面极其隆重。因此许多清史学家认为，胤祯才是康熙真正看中的皇位继承人。

胤祯的失势，又牵连到做抚远大将军副手的平郡王纳尔苏（或作纳尔素），他是努尔哈赤长子大贝勒代善的五世孙，康熙指配曹寅长女为其嫡福晋（正妃），生子名福彭——即曹雪芹的表兄。此时纳尔苏被以军中"受贿"的罪名而遭到削爵"圈禁"。

　　曹家另一个重要亲戚，曹寅的妹丈傅鼐（曹雪芹的祖姑丈），原是雍正当王子时的护卫，雍正即位后被任为兵部右侍郎，本来也算雍正的亲信，此时却也获罪下狱。

　　曹頫一家，之所以能在新朝苟延残喘四五年之久，没有和李煦同时遭到严惩，其实是因为暗中有平郡王纳尔苏和兵部右侍郎傅鼐为之缓解呵护。现在两个靠山都倒了，江宁织造府就在雍正五年腊月二十四日被下旨抄家——圣旨送达南京，应在元宵节前后。

　　雍正在位十三年后暴卒，又成了清史上一大疑案。乾隆继位后，对雍正的政策有所反拨，平反冤假错案，缓和皇族内部矛盾。曹家也在乾隆初年有了一个小的复兴。

　　但是，历史很快又出现了波折。乾隆皇帝和康熙废太子之子弘皙之间又发生了一场争夺政权的斗争。乾隆四年（己未，1739）十二月初一日，乾隆发出一道上谕：

　　四执事总管首领（太监）将太监李蟠放假四五日，往弘皙处，将宫内之事信口传说。太监等告假，不过一日两日，岂有四五日在外之理？将四执事总管首领查明议罪。尔总管等晓谕旗下太监等：既已身离旗下，复往何为？见今将李蟠夹讯，即是榜样……

周汝昌认为，这道上谕看字面只是训诫太监失职，内里却包藏着一件特大事故——这事故几乎动摇了乾隆的帝座，而且也将曹雪芹家门再次带入了灭顶的灾难。

当然，这一重大的政治变故，并没有确凿的文字史料记载。周汝昌从种种历史遗留的蛛丝马迹中，考证勾勒，认为此事涉及康、雍、乾三代皇室内部的激烈冲突以及血亲间相互残害的恶斗与丑闻，无论官方还是民间都不敢明言揭示。而曹雪芹家最后重遭惨祸的真正缘由，也随之湮灭而不为世知。

这场被湮灭的政治斗争，是废太子之子弘皙、庄亲王胤禄及其二子弘昌与宁和、怡亲王胤祥之二子弘昌与弘晈、恒亲王胤祺之子弘升等结成一个集团，弘皙私自成立了内务府七司，企图篡夺新君乾隆的皇位。当然乾隆最后获胜了，弘皙被关到景山东果园圈禁，而曹家也因卷入弘皙逆案，终至一败涂地。

之所以不厌其烦，缕述康、雍、乾三朝的政治变迁，是因为对这种大的形势有所感受，才能够明白为什么会有许多王公贵族"逃禅"，激烈残酷的政治斗争，使得那些败落的"金枝玉叶"心灰意冷，看破了"红尘"。同时，这种历史背景也有助于我们对雍正所谓参禅悟道的本质有所认识。

《红楼梦新证》引录侯堮《觉罗诗人永忠年谱》中所说：

兹以清代而论，圣祖崩后，世宗与允禵、允禩等有争立之恶潮。而允禵为人精明矫健，康熙间征伐西北，赫赫有功，既为世宗锢废，几濒于死，高宗毅然释之。而允禵之人生观由最积极一变而为极端之消极，晚年所与往还之人，多为僧客羽流，以挚爱永忠神慧，亦使剩山和雪亭上人为其童年师保，终永忠之身，虽服官达三十载，而精力才华，泰半贯注于禅道两涂，以诗酒书画为玩世之资，以蒲团养生为性命之髓，本其风度，以与宗人及满、汉之学者相标榜，至蔚成社会侧面之一部分重要的波澜，如曹霑、敦诚、书诚、永蕙等，皆披靡于此风气之一。但使彼辈突破其本来之环境，奋发迈往于经世之学，所成就当有不同。

永忠是允禵之孙，多罗贝勒弘明之子，虽封辅国将军，担任过宗学总管、满洲右翼近支第四族教长，但并不热衷仕途，而以参究佛禅吟诗作画为务。因为允禵的遭遇使全家都对政治心灰志冷，弘明给几个儿子每人一套棕衣、帽、拂，要他们淡出政治，全身远害。

永忠写有著名的《因墨香得观红楼梦小说吊雪芹三绝句（姓曹）》，其一说："传神文笔足千秋，不是情人不泪流。可恨同时不相识，几回掩卷哭曹侯。"所谓"不是情人不泪流"显然内涵复杂，包含着人世沧桑的沉痛感慨。

墨香是曹雪芹好友敦敏、敦诚兄弟的叔父，而敦敏、敦诚是努尔哈赤第十二子英亲王阿济格的五世孙，阿济格在清朝皇室的政治斗争中被顺治帝下令自杀。所以墨香、敦敏、敦诚也都是饱含血泪之痛的没落的皇族子遗，与永忠、曹雪芹有着类似的情感意向。

永忠的这三首绝句文本上还有永忠的堂叔弘旿写的批语："此三章诗极妙。第《红楼梦》非传世小说，余闻之久矣，而终不欲一见，恐其中有碍语也。"弘旿字醉迂，号瑶华道人，是乾隆的堂兄弟。从弘旿的字、号和批语，也就可以想见其心态作为，同样是被残酷的政治斗争吓破了胆，而逃避进禅道中去讨生活的。

"雍正禅"：为专制皇权服务的政治工具

了解这些时代的思想背景，特别是乾隆皇帝（宝亲王弘历）和曹雪芹的表兄平郡王福彭都是"雍正禅"的入室弟子这一事实，对于我们探索曹雪芹在《红楼梦》中所体现的禅学思想与其时代背景的关系，是大有帮助的。我们姑且杜撰两个词"雍正禅"和"雪芹禅"，比较一下曹雪芹在《红楼梦》中表现的禅意，是怎样和雍正意图中的禅意针锋相对的。

如前所述，雍正的参禅，是一种深怀政治野心和谋略的专制君主的政治手段。在他还是王子的时候，他把参禅当作一种韬光养晦的工具，迷惑康熙以博取对自己的好感，也迷惑那些与他同样在觊觎帝位的兄弟们。在他登上皇帝的宝座以后，则通过自己的禅学修为掌控和干涉佛教界，利用一些禅僧，打击对自己的专制统治不利的禅学派别。

前已具体述及雍正打击法藏一系禅宗派别的事，再比如，雍正钦定了禅学应该涉及的范围。《中国禅宗通史》总结为：

第一，"宗教之合一"。把僧肇列入《御选语录》中的第一人，说像僧肇那样作论讲经，"正是不立文字"，是只有权势者才能成立的逻辑。他的目的，就是强调"讲经"的重要性，以促进"宗"与"教"的一致。在卷十三的《御制序》中，雍正重申："朕于肇法师语录序，已详言宗教之合一矣。"

第二，强调"禅净兼修"。关于辑录云栖袾宏的著作，雍正做了这样的导向说明："……及明莲池大师，传以此（指净土法门）为家法，倡导于浙之云栖。其所著《云栖法会》一书，于本分虽非彻底圆通之论，然而已皆正知正见之说。朕欲表示净土一门，使学者宴坐水月道场，不致歧而视之，误谤般若，故择其言之融合贯通者，刊为外集，以示后世。"（《御选语录》卷三）意思是袾宏虽然还没有"彻底圆通之论"，但他弘扬净土法门，仍是"正知正见"。雍正说："至于净土法门，虽与禅宗似无交涉，但念佛何碍参禅，果其深达性海之禅人，净业可以兼修。"（《御选语录总序》）

第三，禁止呵佛骂祖。雍正在编选语录时，指出一些著名的禅师不能入选，即"如傅大士、如大珠海、如丹霞天然、如灵云勤、如德山鉴、如兴化奖、如长庆棱、如风穴沼、如汾阳昭、如端师子、如大慧杲、如弘觉范、如高峰妙，皆宗门中历代推为提持后学之宗匠，奈其机缘示语，无一可入选者"（《御选语录》卷十四）。雍正还对这些前辈禅宗大德展开了批判，其中抨击丹霞天然和德山宣鉴最为激烈。

他说丹霞天然："如丹霞烧木佛，观其语录见地，岂止无心，实为狂参妄作。据丹霞之见，木佛之外，别有佛耶？若此，则子孙焚烧祖先牌，臣工毁弃帝王位，可乎？"（《御选语录》卷十四）雍正对德山宣鉴的呵佛骂祖更是严厉痛斥，连曾收录了德山宣鉴言论的性音也予以抨击："如德山鉴，平生语句，都无可取，一味狂见恣肆。乃性音选《宗统一线》，采其二条内，一条截去前后语言，专录其辱骂佛祖不堪之词，如市井无赖小人诟诨，实令人不解是何心行。"（《御选语录》卷十八）"释子既以佛祖为祖父，岂得信口讥诃，譬如家之逆子，国之逆臣，岂有

不天神共嫉，天地不容者。"（《御选语录》卷十八）

雍正从帝王的专制主义立场出发，自然把禅宗追求精神解脱，如"无心"之类，视作"狂参妄作"；把禅宗要求摆脱的种种道德伦理观念，视为天经地义、不可违逆的圣教。因此把丹霞天然、德山宣鉴斥为"逆子""逆臣"。

第四，贬黜颂古，创立雍正禅。雍正要强化自己的专制淫威，因此反对参禅者在钻研公案上下功夫。他说："拈代偈颂四者，颂为最后，学人子颂古切用功夫，遂渐至宗风日坠。此端一开，尽向文字边作活计。"（《御选语录》卷十八）他认为参学拈古、代别、诗偈、颂古，研究公案，都对证悟没有帮助。他提倡恢复禅宗的传统"了悟自心"，但又说古往今来刻苦参禅的僧人"如麻似粟，而了悟自心者，凤毛麟角"。那么怎样才算"了悟自心"呢？其实就是要求彻悟儒家的以忠君孝亲为核心的纲常伦理，对自己的专制政治俯首帖耳。

雍正不仅这样宣言，而且付诸实践，创造了一种参禅方法，姑名之为"雍正禅"。在他指导下，"自春至夏，未及半载，而王大臣之能彻悟洞明者，遂得八人"。（《御选语录》卷十九）前已提及，这八个人就是：皇十六弟庄亲王爱月居士，皇十七弟果亲王自得居士，皇四子和硕宝亲王长春居士，皇五子和硕亲王旭日居士，多罗平郡王福彭如心居士，大学士伯鄂尔泰坦然居士，大学士张廷玉澄怀居士，左都御史张照得天居士。

可见，雍正以帝王之尊，把自己装扮成当代的教主禅师，是为了消灭禅宗本来具有的叛逆精神和自由意度，掌控佛教组织为己所用，让禅宗变成为专制皇权服务的政治工具，这就是雍正禅的实质。

"雪芹禅"与"雍正禅"针锋相对

而曹雪芹，却恰恰相反，他不仅感受了自己家族在康熙、雍正、乾隆三朝的盛衰荣辱的变迁，也旁涉感受了三朝政治演变中其他落败皇族、官僚家庭的惨痛变故，因而产生了深沉的人生之幻灭感兴、叛逆情愫和新的人生价值观，这是对禅宗原有叛逆精神和自由意度的发展和升华。

从"忽喇喇似大厦倾""树倒猢狲散"的毁灭无常之痛感，到"落了片白茫茫大地真干净"的人生意义之虚妄，再到"正邪二气所赋""意淫""通灵""情不情"之新价值观的笃定弘扬，这具有深邃幽独的思想和精神内涵，可以说是"雪芹禅"的伟大创造。也就是前面所论述的：贾宝玉的"痴"—《红楼梦》的"情"—曹雪芹的"禅"，三者实际上是一回事。这也是"假作真时真亦假，无为有处有还无"一个向度的真实意指，也就是张祥龙所说的"充溢着生存境域的终极深意"。

雪芹禅与雍正禅，是针锋相对的，水火不容的，是历史上严酷的思想斗争之生动体现。但雪芹禅之所以能够产生，又是由康、雍、乾三朝专制政治演变的残酷现实所激发的，曹雪芹幸而又不幸地那么切近本己真实地经历和体验了其痛楚血泪，所以从某种意义上来说，雪芹禅也是与雍正禅相反相成的。

曹雪芹对雍正禅应该是非常熟悉的，他的表兄平郡王福彭是雍正的八大弟子之一，其间因缘就可想而知了。尽管我们缺乏具体的史料，不能十分详细地了解曹雪芹与福彭交往的情况，但从《红楼梦》的写作实际，从小说以艺术手段所表现出来的宝玉参禅等情节，特别是浸透在小说文本字里行间的雪芹禅意，我们可以明确无误地懂得，曹雪芹对雍正禅是深恶痛绝的。他的创作本身，就是对雍正禅的一种巧妙批判和激烈战斗。

甲戌本《石头记》"凡例"中那首七言律诗可以说是对雪芹禅一个最形象的概括说明：

浮生着甚苦奔忙？盛席华筵终散场。
悲喜千般同幻渺，古今一梦尽荒唐。
谩言红袖啼痕重，更有情痴抱恨长。
字字看来皆是血，十年辛苦不寻常！

而在曹雪芹身后，《红楼梦》遭遇后四十回被偷梁换柱、李代桃僵的精神阉割和篡变，深刻的家族盛衰和残酷的政治悲剧被变质为庸俗的婚姻家庭小说，原著叛逆自由的雪芹禅被续书顽空死灭的枯木禅所掩盖替换，又上演了一出深刻的思想斗争的悲剧。周汝昌说后四十回的出现是乾隆皇帝授意高鹗有意为之。这种考证的准确程度和结论的合理性程度自然仍可讨论，但"两种《红楼梦》"存在巨大的思想和艺术差异，则是不争的事实。从禅这一向度上，这一点是同样颠扑不破的。

活：中华文化与禅的基本精神

周汝昌在一次答记者问中说：

中华文化最大最基本的精神是"活"，禅也是一个"活"。这怎么讲？"禅"是什么？禅是古印度的佛法，佛法怎么学？就像我刚才说的翻译的问题那么复杂，（梵语）那里面有个名词，这里（汉语）却没有啊，那可要了命，麻烦透了。

印度哲学是个繁琐哲学，中华民族又要学习这么高深的思想、哲学，怎么办？不能用抠字的办法，"活"就是一下子抓住那精神，"禅"就是指这个。

……《红楼梦》里，什么叫"通灵"？要是一块山野之石，无知无觉，怎会有思想感情，即感受能力，中国将感、受、通、悟，融会一个大字"活"！禅、中华文化正是这样。

南宋大诗人杨万里讲：我的诗是"活"法！什么意思？不是写得灵活，随便顺手而来。是讲诗里的东西用这种表现方式向你传达一个意境，或者一个道理，或者一个思想。

……禅与文艺的关系，就是一个字——"活"，是精神境界的交通。用什么方式来表达来使你接受，这是活的，不是死的，不是抠字，当然，典故也要懂些，不然会不明白。禅正是如此，不立语言，禅一说一写就是"糟粕"，把真挡住了。

……文艺的表现是要让人懂得、领会、接受，佛说法，也是让你接受、领会，共同点在这，这种讲授的方式及我们的接受方式与西方不同。①

周汝昌曾深入论述过南宋诗人杨万里写诗的"活法"。在《杨万里选集》的《引言》中，他这样说：

诚斋（杨万里号诚斋——引者）自己在《和李天麟二首》五言律中曾说："学诗须透脱，信手自孤高。"又说："参时且柏树，悟罢岂桃花？"这后面两句是用了禅宗的两则小故典，其用意也可说就是要阐明"透脱"之义。他又在《蜀士甘彦和、寓张魏公（浚）门馆、用予见张钦夫（栻。浚之子）诗韵作二诗见赠、和以谢之》五言律里说："不是胸中别，何缘句子新？"正说明同一个

_____

① 载《现代教育报》2001年11月16日。

意思，也正可以和上引张浚"胸襟透脱"的话相印证。大约甘彦和、杨诚斋、张钦夫等，都和张浚互相讲论过这个道理，所以诚斋这里就写出了"若不是胸襟透脱，怎能得诗句清新"这番意思。

透脱——什么叫透脱呢？这是很难讲说的。必不得已，卤莽些说，透脱就是"执着"的反面。

禅宗的门徒问师父："如何是祖师（达摩）西来意？"师父不正面回答、来说明那个"西来意"，却说道："庭前柏树子（子是语尾虚词，如同'树叶子'的'子'）！"笨学生不懂老师是力破他发问中的那一点"意"（拘执于向"意"上去求解，就要离开了所要学的和"意"完全无干的真目标了），因此就随眼随事地指向院中生长着的一棵柏树，意思犹如说："院子里长了棵柏树！——这又有甚'意'？"

这学生不会师意，就死抱住老师所指的那棵柏树不放松，要向它去"参悟"道理——可是那能参得到什么呢？结果必然愈"参"愈远。这就是"执着"于柏树，也就是禅家所说的"死于句下"了。

透脱，就是不执着的结果。——为了避免越说可能越玄虚，不妨简单地说成是：懂得了看事物不能拘认一迹、一象、一点、一面，而要贯通各迹、各象、各点、各面，企图达到一种全部透彻精深的理解和体会（他们能不能做到这一点，那全然是另一问题，我们这里只要知道他们至少在主观愿望上和努力探索的精神上是如此的）；能够这样了，再去看事物，就和以前大大不同，心胸手眼，另是一番境界了。这就是他们所说的透脱。①

————————————

① 周汝昌选注：《杨万里选集》，中华书局，1962年。

曹雪芹创作《红楼梦》也是"活法"

曹雪芹创作《红楼梦》，从根本的思维方式上，也是与禅悟相通的，也是一种"活法"。周汝昌为拙著《红楼赏诗》（《红楼梦诗词韵语新赏》）题诗曰："不是诗人谩解诗，徵文数典貌为知。诚斋活法惊当世，谁识红楼法更奇？"

我们探讨《红楼梦》与禅这个论题，不是简单机械地把小说中的某些情节和佛禅的理论教条相比附，而是要弄懂曹雪芹的思维方式——也就是他人生存在的方式，是一种禅的方式，他的小说写作，是一种渗透了禅文化的写作。

曹雪芹写《红楼梦》，是用写诗的方法写小说，当然是中国传统的诗。前面说过，禅宗哲学是诗化哲学，也就是说，从根本的思维方式上，诗的方法就是禅的方法。诗与禅，禅与《红楼梦》，其交通融会点在何处？就在"意境"二字。

我曾这样追踪过"意境"的演变轨迹："从魏晋的'风骨''意象'，到唐代王昌龄（《诗格》）、皎然（《诗式》）、遍照金刚（《文镜秘府论》）、司空图（《诗品》）先后提出了诗的'境''意境''味外之旨''不著一字，尽得风流'，讲究虚与实的审美理论大大发展了，到宋代严羽在《沧浪诗话》中标榜'羚羊挂角，无迹可求'……而达到一个高峰，对'虚与实'的审美意识愈益入其堂奥。后来明清两代或讲童心，或倡神韵，或主性灵，事实上都是意境理论在不同时代条件下的发展和变种。至王国维予以总结定案，'境界''意境'之论达到了一个空前的高度，由诗歌而侵入小说、戏剧领域，形成了一个具有民族特色的美学传统。"①

意境的形成，乃源于庄子道家和佛教禅宗的影响，早已是研究者们广泛深入论述过的问题。以禅喻诗之最著名的论说，就是南宋严羽在《沧浪诗话》中的话：

> 夫诗有别材，非关书也；诗有别趣，非关理也。然非多读书、多穷理，则不能极其至（《诗人玉屑》作"而古人未尝不读书、不穷理"）。所谓不涉理路、不落言筌者，上也。
>
> 诗者，吟咏情性也。盛唐诸人惟在兴趣，羚羊挂角，无迹可求。故其妙处透彻玲珑，不可凑泊，如空中之音，相中之色，水中之月，镜中之象，言有尽而意无穷。近代诸公乃作奇特解会，遂以文字为诗，以才学为诗，以议论为诗。夫岂不工，终非古人之诗也。

《红楼梦》"法更奇"。首先就奇在曹雪芹写小说，贯穿了"不涉理路、不落言筌""羚羊挂角，无迹可求""透彻玲珑，不可凑泊"的写作宗旨和追求，达到了"如空中之音，相中之色，水中之月，镜中之象，言有尽而意无穷"的境界。用《红楼梦》里的话说，就是"假作真时真亦假，无为有处有还无"。

《红楼梦》是"意境小说"

这种"意境小说"的特点表现在写作的各个层面。周汝昌

---

① 梁归智：《石头记探佚》，山西古籍出版社，2005年，第281页。

《红楼艺术的魅力》等书和笔者的红学著作都做过比较详细具体的分析论述。

前面已经谈到小说情节的诗意——禅意化写作，如史湘云卧药，如贾宝玉和林黛玉葬花等。再如全书的结构，本身就是一个巨大的象征。前五十四回写兴盛，后五十四回写衰败，以元宵节和中秋节作为象征性的枢纽，所以在第十八回贾元春归省那个"极盛"的元宵节后，第五十四回的"大转折"就是另一个元宵节。

而第三十七回的"暗中秋"（贾政于八月二十起身离开贾府赴外任）后，第七十六回的中秋节就是"凸碧堂品笛感凄清，凹晶馆联诗悲寂寞"。全书结构本身构成一个隐喻，就是"风月宝镜"的正照和反照，从审美上来说，极具虚实空灵之美。而在一百零八回的书文中，每九回一个大段落，共十二大段，真乃夺天工之奇巧却不露斧凿痕迹。

周汝昌《红楼艺术的魅力》特别注意揭示曹雪芹创造的小说诗境。

中国的诗，特别注意这个"境界"或"意境"。而《红楼梦》艺术的真魅力，正是由这儿产生的——并不像有人认为只是"描写""刻画""塑造"的"圆熟""细致""逼真"的事。

《红楼梦》处处是诗境美在感染打动人的灵魂，而不只是叙事手法巧妙令人赞叹。

只有这一点，才凸出了《红楼梦》与其他小说不同的主要之特色异彩。何以至此？正因雪芹不但是个大画家，而且是位大诗人。他的挚友们作诗赞美他时，总是诗为首位，画在其次。当然，中国画所表现的，也不是"再现"，而是一个"诗境"——

故此方有"无声诗"的称号。东坡"诗中有画,画中有诗",也早成名言;但我要为之进一解:不妨说成是"诗即是画,画即是诗"。雪芹擅此二长,所以他的文字真的兼有诗画之美。

雪芹写景,并没有什么"刻画"之类可言,他总是化景为境,境以"诗"传。他笔下的几个字、两三句话,就能让人身临其境,恍然置身于画中。以第十七回为例,那是初次向读者展示这一新建之名园,可说是全书中最为"集中写景"的一回书,可是他写"核心"地点怡红院的"总观"却只是"粉墙环护,绿柳周垂"。八个字一副小"对句",那境界就出来了。他写的这处院落,令局外陌生人如读"门外秋千,墙头红粉,深院谁家?"不觉神往。

曹雪芹写春也诗意盎然。如第五十八回,宝玉病起,至院外闲散,见湘云等正坐在山石上看婆子们修治园产,说了一回,湘云劝他这里有风,石头又凉,坐坐就去吧。他便想去看黛玉,独自起身。后面就是:"从沁芳桥一带堤上走来,只见柳垂金线,桃吐丹霞。山石之后一株大杏树,花已全落,叶稠阴翠,上面已结了豆子大小的许多小杏……"这"柳垂金线,桃吐丹霞"八个字对句,便传达出花时芳讯已过的微妙。

下一回写薛宝钗:"一日清晓,宝钗春困已醒,搴帷下榻,微觉轻寒。及启户视之,见苑中土润苔青,原来五更时落了几点微雨。"也只这么几个四字句,就令人置身于春浅馀寒,细雨潜动,鼻观中似乎都能闻见北京特有的那种雨后的土香!也不禁令人想起老杜的"随风潜入夜,润物细无声"的名句,但总还没有"土润苔青"那么有神韵。老北京都深知北京的土很特别,雨后土发清香,而且它很易生苔,雨季更是到处苔绿。

《红楼梦》艺术的诗笔诗境，如果说上面举的例子是"摘句式"，那么再看一例"整幅式"。就是宝玉私祭金钏那一回书。那一天是凤姐生日，也是金钏的生日。宝玉一大早，满身素服，一言不发，带了书童茗烟，上马从北门（即北京的德胜门）奔向城外，在荒僻冷落的郊外，小主仆二人迤逦寻到水仙庵。入庵之后，并不参拜，只瞻仰那座洛神的塑像，见那"翩若惊鸿，婉若游龙之态；荷出绿波，日映朝霞之姿"，真是仙姿素影，莲脸碧波，不觉泪下。然后特选"井"边，施礼一祭，心有所祝，口不便言——茗烟小童知趣，跪下向那被祭的亡灵揣度心曲，陈词致悃：你若有灵，时常来望看二爷，保佑二爷来生托胎个女孩儿，常和你们在一处……

　　这是"叙事"的散文吗？但这"事"这"叙"，实在是浸淫着诗的质素，是诗的境界。曹雪芹对自然景物，并不肯多费笔墨，而于人物，主要也是"诗化"那人物的一切言词、行动、感发等。就像前面所转述的情节，看曹雪芹怎么下笔：

　　天亮了，只见宝玉遍体纯素，从角门出来，一语不发，跨上马，一弯腰，顺着街就趸下去了。茗烟也只得跨马加鞭赶上，在后面忙问："往那里去？"宝玉道："这条路是往那里去的？"茗烟道："这是出北门的大道，出去了，冷清清，没有可玩的去处。"宝玉听说，点头道："正要冷清的方好。"说着，索性加了两鞭，那马早已转了两个弯子，出了城门。

　　周先生特别指出"遍体纯素""一语不发""一弯腰，顺着街就趸下去了"这些词句是诗化人物的行动，并引申联想到在

166

中华传统戏剧舞台上，昔日的艺术大师们创造的那些奇迹……如果只知道杜丽娘与春香二人《游园》那叫诗境，就必然不能懂得《山门》的鲁智深、《夜奔》的林教头、《起解》的玉堂春（苏三），那才更是真正的诗境。

懂得诗境才能欣赏中华艺术

为什么说这是诗境？因为这早已超越了西方戏剧理论观念的"逼真"与"再现"的艺术层次。一个粗鲁胖僧，不守戒律，抢酒喝醉，拆亭毁寺……这怎么"逼真""再现"？再现了能让观众在台下"击节"审美大大享受吗？落难逃命，慌不择路，残月昏宵，人亡家破，急奔梁山……冤沉大狱，诬为杀夫，受尽屈辱，发解太原，自忖自祷，柔肠百结——这不幸之妓女，是个蓬首垢面的死囚！

要把这些"逼真""再现"？怎么可能？有何"看头"？可是，请你看看咱们中华文化的舞台艺术吧！这是怎么一回事？是个什么奥秘？不是别的，就是我们的民族智府灵源中的善于"诗化"的宝贵素质和本领才华。《红楼梦》则是在小说形态领域中的一个特立独出的范例。

要欣赏高妙的结构艺术，"诗化"艺术，当然要求阅读者的心灵也是"活"的、"通灵"的，而不能是教条的、八股的，这也与禅的精神一脉相通。在《红楼艺术的魅力》第十二章《诗化的要义》末尾，周汝昌加了一段"附记"，正无意中说明了这一点：

王国维所用"境界"一词，似即取自佛经。如《华严经》即有《入不思议解脱境界普贤行愿品》，可证佛门所说的境界，是一种修持证入的精神造诣，而非具体事物的实境。佛门的境界，有极多的不同等级层次，是相对的程度地步的严格界分，也不是一个绝对的标准义。

王氏借用到文艺创作与欣赏领域来，有其方便性，而不尽同于原义。但由此正可参悟：在文学境界上讲，实属高层修养与精神感受能力的范围，没有足够修养与感悟力的人，面对高超的文学境界，也是不能知见、不能感受的。这是文学鉴赏中必然发生不同"眼光"的一大问题（即如大家对程、高伪续的看法与评价，也正是一个例证）。

笔者在所撰红学著作中详尽列举、阐述过曹雪芹用"草蛇灰线，伏脉千里"的写作技巧，前面已经有所涉及。这种全局性的伏笔照应使前八十回文本成了一种艺术上的"召唤结构"和"空筐结构"，一种有蛛丝马迹可以"追踪蹑迹"的"未知结构"。探佚学就是以这种文本实际为基础而创立的。

《红楼梦》以花喻人的"活法"艺术

要欣赏这些微妙的艺术，当然也要求有一种敏锐的艺术感觉，一颗活泼泼的类似禅悟的心灵。举一个例子管中窥豹，就是小说中花与女儿的隐喻设计。

曹雪芹在小说中以花喻人，第七回"送宫花"是艺术地扫描十二钗，"落花""葬花"则是女儿悲剧命运的象征。大观园里

寿怡红群芳开夜宴（清·孙温绘　局部）

的"沁芳"泉也有同样的寓意——花落水流红。对一些重要的女儿，更赋予特定的花卉作为"吉祥物"——其实是"薄命物"。这在第六十三回《寿怡红群芳开夜宴，死金丹独艳理亲丧》中更有集中和突出的描写。众女儿为宝玉庆贺生日而夜宴饮酒，抽出的花名酒筹上配以唐诗或宋诗的句子，有一种深长隐蔽的命运谶语意味。

首先抽出酒筹的是薛宝钗。上面写着"艳冠群芳"——配上一句唐诗"任是无情也动人"，并说"在席者共贺一杯，此为群芳之冠，随意命人，不拘诗词雅谑，道一则以侑酒"。宝钗就命芳官唱曲子，芳官唱了一支《赏花时》，内容却是"翠凤毛翎扎帚叉，闲为仙人扫落花……"而这支曲子的戏曲故事背景是吕洞宾与何仙姑度脱凡人成仙。这既暗示了薛宝钗的性格特征，又象征了众女儿的命运结局，贾宝玉的一度"悬崖撒手"，真是"一树千枝，一源万派"。

接着抽签的是贾探春。她抽到的签是一枝杏花，写着"瑶池仙品"，配有"日边红杏倚云栽"的唐人诗句，注云："得此签者必得贵婿，大家恭贺一杯，共同饮一杯。"而大家开玩笑说："我们家已有了个王妃，难道你也是不成？大喜大喜。"这暗示了贾探春将来要远嫁海外，成为王昭君式的人物。

此外李纨抽了"霜晓寒姿——竹篱茅舍自甘心"的老梅，暗示其守寡节妇的身世命运；林黛玉抽了"风露清愁——莫怨东风当自嗟"的芙蓉花，暗示了最后"眼泪还债"而死的悲剧；香菱抽了"联春绕瑞——连理枝头花正开"的并蒂花，暗示了与薛蟠婚姻好景不长的不幸，还有花袭人、麝月，也用不同的花卉配以古诗句做了暗示象征。

最核心的人物则是史湘云。她抽的酒筹上是"香梦沉酣——只恐夜深花睡去"的海棠。诗句出自苏轼的《海棠》，全诗为："东风袅袅泛崇光，香雾空濛月转廊。只恐夜深花睡去，故烧高烛照红妆。"苏诗其实又从晚唐李商隐的《花下醉》点化而来："客散酒醒深夜后，更持红烛赏残花。"传说唐明皇把醉酒的杨贵妃比作"海棠睡未足耳"，海棠因此也就是美人的化身。湘云的花名酒筹"香梦沉酣——只恐夜深花睡去"正是暗示"夜深"后赏"残花"，即八十回后贾、史二家都遭遇抄家剧祸后，湘云和宝玉的劫后重逢。

这种情节演变在第六十三回是通过这样的情节来"伏线"的。黛玉看了湘云的花名签，就打趣说："'夜深'两个字改'石凉'两个字。"这是拿湘云白天喝醉了酒睡在石头凳子上开玩笑。其实"夜深"和"石凉"同样隐喻了贾家将被抄和宝玉将落魄。

而湘云反讽黛玉，指着自行船对黛玉说："快坐上那船家去吧，别多话了。"表面上，这是指第五十七回的情节，因紫鹃说黛玉要回苏州，宝玉犯了痴病，"一时宝玉又看见了十锦格子上陈设的一只金西洋自行船，便指着乱叫说：'那不是接他们的船来了？湾在那里呢！'贾母忙命拿下来。袭人便拿下来，宝玉伸手便接过来，掖在被中，笑道：'这可去不成了！'"

这一情节，以及湘云对黛玉的反讽，其实都是"伏线"，那就是在佚稿中宝玉和湘云"渔舟重会"。

海棠的隐喻贯穿全书。首先怡红院里蕉棠两植，题为"红香绿玉"（后改"怡红快绿"），"红香"象征湘云，"绿玉"象征黛玉，"香"与"湘"谐音双关，所以湘云又被称为"脂粉香娃"（第四十九回回目）。

第十七回贾政游初建成的大观园，特别描写了怡红院的"女儿棠"，其中一句是"丝垂翠缕"，而湘云的丫鬟就叫翠缕。第十八回贾元春归省，贾宝玉奉命作诗，咏怡红院也有句"绿玉春犹倦，红香夜未眠"，在宝钗建议下改成"绿蜡春犹卷，红妆夜未眠"，而"红妆夜未眠"不正是"只恐夜深花睡去"的另一种表述吗？①

第五回贾宝玉到秦可卿的卧室内午睡，特别描写室内挂着一幅海棠春睡图，左右是题联："嫩寒锁梦因春冷，芳气笼人是酒香。"周岭在《甄、贾宝玉婚事证析》②一文中考证说，仙女可卿又名兼美，梦中的兼美实暗喻钗、黛，但宝玉和兼美的结合有两层意思：一层意思是预示日后宝玉和钗、黛的感情纠葛；二是点出宝玉无论与钗与黛，终究是梦里姻缘，沉酣一梦终须醒，"梦醒"之后俱归空幻。贾宝玉预言性地大叫"可卿救我"而不呼"兼美救我"，从秦可卿的"纳闷"，可知贾宝玉喊出的"可卿"并非实指秦可卿，而另有所寓，就是史湘云。曹雪芹恐怕这种隐喻过于曲折深内，因此才用"海棠春睡图"轻轻一点，因为海棠正是史湘云的象征物。

第二十五回宝玉要接近林红玉，又怕袭人多心，"便趿了鞋晃出了房门，只装着看花儿，这里瞧瞧，那里望望，一抬头，只见西南角上游廊底下栏杆上似有一个人倚在那里，却恨面前有一株海棠花遮着看不真切。只得又转了一步，仔细一看，可不是昨儿的那个丫头在那里出神？"

---

① "绿玉春犹倦"与"绿蜡春犹卷"的变化参见拙著《红楼梦诗词韵语新赏》

② 周岭：《甄、贾宝玉婚事证析》，《红楼梦学刊》1989年第3辑，第125—144页。

林黛玉的前身是绛珠仙草，绛即红，林红玉是林黛玉的另一个"影子"。但林黛玉别号"潇湘妃子"，与"史湘云"都用了舜之二妃娥皇、女英的传说，所以林红玉其实也关联着史湘云，后来在佚稿的"狱神庙"故事中，她和贾芸救助落难的宝玉和凤姐，其中一个情节应该是促成贾宝玉与史湘云的结合。

贾芸的"芸"字与史湘云的"云"字暗相通约（"芸"字有草字头，固然贾家第五代名字都是草字头偏旁，更因为贾芸管理大观园中的花草树木，而花是众女儿的象征），第二十五回宝玉要找小红，却被"一株海棠花遮着" ——海棠象征湘云，都是这种巧妙的影射关联。

第三十七回海棠诗社，真正的诗魁乃是史湘云，她后来居上，一人独作两首，且获得大家一致赞扬。海棠诗社本是以贾芸送的两盆白海棠而得名，正是贾芸在未来贾宝玉与史湘云结合中将起重要作用的暗示。这一回在宝玉、黛玉、宝钗和探春作完海棠诗后有这样一段描写：

一时宝玉回来，先忙着看了一回海棠，到房内告诉袭人起诗社的事。袭人也把打发宋妈妈与史湘云送东西去的话告诉了宝玉。宝玉听了，拍手道："偏忘了他！我自觉心里有件事，只是想不起来，亏你提起来，正要请他去。这诗社里若少了他，还有什么意思！"

这里写宝玉"先忙着看了一回海棠"，紧接着就说请史湘云的事，当然又是在点海棠乃湘云之象征物了。

第三十八回作菊花诗前，黛玉钓了一会儿鱼，"放下钓竿，走至座间，拿起那乌银梅花自斟壶来，拣了一个小小的海棠冻石蕉叶杯"。这一个"海棠冻石蕉叶杯"正是怡红院的正景浓缩。第十七回描写怡红院："院中点衬几块山石，一边种着数本芭蕉，那一边乃是一颗西府海棠，其势若伞，丝垂翠缕，葩吐丹砂。众人赞道：'好花，好花！从来也见过许多海棠，那里有这样妙的。'贾政道：'这叫作女儿海棠，乃是外国之种。俗传系出女儿国中，云彼国此种最盛，亦荒唐不经之说罢了。'"黛玉与湘云的两"湘妃"之隐喻通过一个小小的酒杯样式，又做一次微妙的暗示。

第四十回贾母带着刘姥姥游园，有这样的描写：

说着众人都笑了。一齐出来，去不多远，已到了荇叶渚。那姑苏选来的几个驾娘早把两只棠木舫撑来。众人扶了贾母、王夫人、薛姨妈、刘姥姥、鸳鸯、玉钏儿上了这一只。落后李纨也跟上去，凤姐儿也上去，立在船头，也要撑船。贾母在舱内道："这不是顽的，虽不是河里，也有好深的，你快给我进来。"凤姐儿笑道："怕什么！老祖宗只管放心。"说着，一篙点开。到了池当中，船小人多，凤姐只觉乱晃，忙把篙子递与驾娘，方蹲下了。然后迎春姊妹等并宝玉上了那只，随后跟来。其余老嬷嬷散众丫鬟俱沿河随行。

写坐船偏要说是"棠木舫"，显然又是有意点睛"海棠"——直通佚稿中的宝、湘"渔舟重会"。

第四十一回贾母一行人游园到了拢翠庵（周汝昌考证"拢

翠"与"怡红"对仗，所以是"拢翠"而非"栊翠"），"妙玉亲自捧了一个海棠花式雕漆填金云龙献寿的小茶盘，里面放了一个成窑五彩泥金小盖钟，奉与贾母。"妙玉和湘云在第五回的"册子"里排名成对，正是又一对"金玉"，所以这里妙玉捧的茶盘也是"海棠花样"，又和史湘云牵挂起来。

第四十回到了潇湘馆，"林黛玉亲自用小茶盘捧了一盖碗茶来奉与贾母"，与对妙玉的描写前后应对，正是有意照应。这与品茶拢翠庵妙玉专请黛玉、宝钗，凹晶馆联诗妙玉加入黛玉和湘云的联句吟咏，都是两对"金玉"在描写上的特笔点染。

第五十一回晴雯生病，先请来一个胡庸医，开了些"虎狼药"，被细心的宝玉拒用，转请来王太医，"先诊了脉，后说病症与前相仿，只是方上果没有枳实、麻黄等药，倒有当归、陈皮、白芍等药，分量也减了些。宝玉喜道：'这才是女孩儿们药，虽然疏散，也不可太过。旧年我病了，却是伤寒，内里饮食停滞，他瞧了，还说我禁不起麻黄、石膏、枳实等狼虎药。我和你们一比，我就是那野坟圈子里长的几十年一棵老杨树，你们就如秋天芸儿进我的那才开的白海棠。连我禁不起的药，你们如何禁得起？"

宝玉把自己比作野坟圈子里的老杨树，把女儿比作白海棠，自然又是贬男尊女这一小说主题的一种象征。但不比别的花，单说海棠，可见作者对这一象征物情有独钟。而且这里是晴雯生病，把晴雯比海棠，原有深意。

这只要看第七十七回晴雯病中被逐，宝玉说："这阶下好好的一棵海棠花，竟无故死了半边，我就知有异事，果然应在他身上。"晴雯和黛玉都用芙蓉花象征，所以后面说晴雯死后成了

菊花诗社螃蟹咏（清·孙温绘）

芙蓉花神。这里却不说死了芙蓉，而说死了海棠。盖晴为黛影，而黛玉和湘云是两个"湘妃"，晴雯的性格是黛玉和湘云二人性格的"中间类型"，这些伏笔照应的文心十分微妙复杂，与第二十五回写小红被海棠花遮着是同一作意。

第五回、第十七回、第二十五回、第三十七回、第三十八回、第四十回、第四十一回、第五十一回、第六十三回、第七十七回，海棠之隐喻几乎在每一个十回中都出现，可谓提领全书，其在《红楼梦》中具有特殊的意义不言而喻。海棠之象征牵动了小说的大布局，关系着曹雪芹的真经历，实在不可等闲视之。

《红楼梦》中的"海棠"隐喻，关涉史湘云，还有很深刻微妙的写作背景。史湘云的生活原型乃苏州织造李煦家的某少女，即曹雪芹的一个表妹，史、李音近相谐，故曹雪芹以宋代女词人李清照《如梦令》词中"试问卷帘人，却道海棠依旧"一句作为史湘云——海棠花的诗意背景。第七十回史湘云填的柳絮词正是调寄《如梦令》，词意即从李清照原词脱胎。两阕小词如下：

昨夜雨疏风骤，浓睡不消残酒。试问卷帘人，却道海棠依旧。知否？知否？应是绿肥红瘦。——李清照

岂是绣绒残吐，卷起半帘香雾。纤手自拈来，空使鹃啼燕妒。且住，且住，莫使春光别去！——史湘云

史湘云实在是《红楼梦》中最重要的女主角，绝不在黛玉、宝钗之下，乃"玉钗云"宝玉婚恋三部曲中最后一部，有"归

宿"之意。此意最是悠长。前八十回中时时为"海棠"点睛，于微末中见精神也。

做这样深细入微的《红楼梦》艺术鉴赏，主要是想说明，曹雪芹创作《红楼梦》，体现了禅思维的根本特征，那就是：诗、哲、活。

禅思维失落的困扰

要对这种浸透了禅思维的艺术妙品真正知音解味，当然要求读者也有一些禅的思维方式和生存方式。而历史现实是，一些《红楼梦》的读者和许多研究者不具备这样的前提条件。特别是近代以来，西方的形式逻辑思维成了学术界的主流思维方式，禅的灵悟思维，对某些人来说已经变得匪夷所思不知所云，他们的心灵早已习惯了八股和教条，生起了老茧，变得凝滞、迟钝、麻木不仁。更可悲的是，他们本人完全不能自觉这一点，反而十分自得自信，认为自己是在坚持"学术规范"，反对野狐禅，维护科学的神圣，"为真理而斗争"！

这就造成了所谓旧红学、新红学、革命红学、新时期红学等红学界的纷纷扰扰，是是非非。如果不计较争名夺利这种众生共有的毛病，从思维方式上观照，禅思维与非禅思维的思想和生存方式的争持就是百年红学风波的"风源"。

比如新红学的开山祖师胡适，他虽然研究过禅宗，对禅的思维方式却存在很大隔膜，因此和铃木大拙势同水火。这样，进入红学的研究领域，胡适一方面在考证作者和版本方面建开辟之功，另一方面在文本的认同和解读方面贻误后学，贻笑大方。这一点我在红学论著中做过详细论述分析。

胡适发现了甲戌抄本等脂批本《石头记》，却完全没有认识其价值的眼光和能力，反而推行程乙本《红楼梦》。在文学价值方面，他则说："《红楼梦》……在文学技术上比不上《海上花》（韩子云），也比不上《儒林外史》——也可以说，还比不上《老残游记》。""我平心静气的看法是：在那些满洲新旧王孙与汉军纨绔子弟的文人之中，曹雪芹要算是天才最高的了，可惜他虽有天才，而他的家庭环境及社会环境，以及当时整个的中国文学背景，都没有可以让他发展思想与修养文学的机会。在那一个浅陋而人人自命风流才士的背景里，《红楼梦》的见解与文学技术当然都不会高明到那儿去。"[①]

2005年8月19日，我写了一篇文章，名为《诗与学的"分"与"合"》，后来在2005年9月12日《光明日报》发表，更名为《二百年"红学"演变中的情结》，也就是阐明这个道理。下面撮述其梗概，亦可互为参证。

周汝昌与胡适的关系，可以说也就是近百年红学发展史诸种纷纭纠缠的一个缩影。而《我与胡适先生》正提供了观照这种纷纭纠缠的一面镜子——一面红学的"风月宝镜"。

胡适于1921年发表《红楼梦考证》，取代蔡元培为代表的"索隐派"旧红学而创立"自传说"新红学，胡适也横空出世，成为一代红学宗师。但在此后三十余年，俞平伯1923年发表《红楼梦辨》之后，新红学实际上即有些陷于停滞，并没有太多新的进展。索隐

---

① 胡适1960年11月19日到1961年1月17日写给苏雪林和高阳的四封信。

派的著作又出了几种，其实仍然占领着红学的少半壁江山。

这一局面从根本上改观，在于一件事情，即周汝昌受胡适的鼓励和影响，写出了《红楼梦新证》。新红学乃胡适、俞平伯开山，周汝昌集大成，这已经是老生常谈。老生常谈说多了，会让人耳朵起茧，在"常谈"中发掘出新义，红学史研究才能"与时俱进"。

胡适是周汝昌的"恩师"，但周汝昌后来谈及与胡适的关系时，一方面对胡适当年对自己的无私、热情帮助始终表示感谢，铭记终身，另一方面又多次申述自己与胡适学术立场的分歧，甚至似有"怨"言。而"红学界"，有的人仍然在批判周汝昌"中了胡适的毒"且"不知悔改"，又有人责备周汝昌对胡适"人为地抹上许多污点"，似有"忘恩负义"之嫌。

这一切，岂不是一个万花筒？让人对红学愈增加了恍惚迷离、莫名其妙之感。其实，"理路"正深隐在这些万花筒的斑驳变幻之中。理路何在？——就是"诗与学的'分'与'合'"。

胡适是一位学者，除了是新红学的开山祖师之外，更是提倡白话文新文学，反对文言文旧文学之"五四新文化运动"的先锋和大将，他在中国文化思想史上的地位，他对中华文化之命运走向所起的"积极"和"消极"作用，本身就是一个有争议的课题。要评价胡适对红学发展的贡献与缺欠，其实是不能单论红学本身的，而必须对胡适这个"全人"做全方位的观照。

胡适的贡献是"学"，而他的缺欠是"诗"。

此话怎讲？

西方文化是科学型的文化，中华文化是艺术型的文化。"五四"新文化运动不就是引进了"赛先生和德先生"（科学与民主）吗？胡适对《红楼梦》版本和作者做考证，始终标榜的是

"科学方法"，他对《红楼梦》文本本身其实不大感兴趣，也没有深度进入的实力。

从根本上说，胡适是以西方文化为本位的。正如《我与胡适先生》首序季羡林先生所撰《站在胡适之先生的墓前》中所说："在他的心目中，世界上最好的政治就是美国政治，世界上最民主的国家就是美国。这同他的个人经历和哲学信念有关。他们实验主义者不主张设什么'终极真理'。"

胡适对中华传统文化是评价不高的。他对台北故宫博物院主任委员孔德成说过："孔主任，我自认是爱国的，七十岁了，得到的结论却是中国文化并不高。""中国的音乐、建筑、美术、雕刻在世界文化史上也没有地位。三千年前，商的雕刻也不怎么样。美术上，近年来都是模仿。文学上虽人才辈出，但古人路走错了，杜甫也是会'对对子'，少佳作啊！"

胡适编《独立评论》，他很喜欢陈序经的"全盘西化论"。1929年，胡适发表《中国今日的文化冲突》，主张"全盘西化。一心一意走上世界化的路"。胡适做中国古代文化典籍的整理与考证，其目的和宗旨是："整理国故，只是要还他一个本来面目，只是直叙事实而已，使人明了古文化不过如此。粪土与香土皆是事实，皆在被整理之列。"（朱洪《胡适大传》）

曹雪芹的《红楼梦》，却是中华传统文化所孕育的一粒最灿烂的明珠，是中华文化的"百科全书"和"一条主脉"，它的本质，正是中华文化的本质，诗化和艺术化是其灵魂和核心。所以，胡适作为新红学的开山祖师，就成了一种悖论。

他既在版本和作者的考证方面筚路蓝缕，功勋卓著，却又对曹雪芹其人和《红楼梦》其书存在认识偏颇，自我表白"差不多没有说过一句赞颂《红楼梦》文学价值的话",认为曹雪芹不过是一个"满洲新旧王孙与汉军纨绔子弟的文人"。

历史因缘际会,胡适助引周汝昌走上了红学研究之路,但从一开始,就产生了周汝昌和胡适的文化认同分歧。因为周汝昌正和胡适相反,是一个对中华传统文化衷心崇拜的人。他就读于燕京大学西语系,却得出汉字语言高于英语等西方语言的结论。他浸淫沉溺于传统的诗词、书法、琴箫、戏曲、禅宗、园林、古董、梅花大鼓、民间工艺等等之中,痴迷不改,终生不辍,认为中华文化优胜于西方文化,立志要弘扬中华传统文化的大真大善大美……因此,他把曹雪芹奉为天人,对曹雪芹原著《红楼梦》赞不绝口,相关联的就是对后四十回续书深恶痛绝,认为它篡变歪曲了曹雪芹原著的真思想和真艺术。故而也对胡适居然于此缺少感觉、推广程乙本《红楼梦》深为埋怨,后来屡加批评,并旁及胡适提倡白话文的功过。

胡适虽然写了"五四"后第一个白话诗集《尝试集》,本质上却不是一个诗人,他对中华诗文化的宁馨儿曹雪芹和《红楼梦》太缺乏"理解的同情"。

周汝昌却是一个地道的诗人型学者,且不是白话新诗人,而是中华传统型诗人。加上其他条件,周汝昌深度进入了曹雪芹的精神世界,一生都在感悟、体会、阐释着《红楼梦》的灵魂、精义。周汝昌实际上开创了不同于胡适、俞平伯的"新红学"之另一种新中国的"新红学"。

要懂得《我与胡适先生》一书之实际内涵,就必须把握胡适和周汝昌在学与诗上的这种"分"与"合"之悖论逻辑。这个学与诗的"分"与"合",从胡适和周汝昌这儿凸显,其实一直贯穿着此前此后二百年的红学演变,几乎有关红学的一切纠纷、争论、矛盾，透过现象看本质的话，都是这个情结在起作用。

周汝昌治学所体现的艺术思维方式，其实也就是诗—禅思维方式。而胡适治学所体现的"科学"思维方式则与诗—禅思维方式有许多冲突。当然，科学思维方式有它合理、锋利、有用的一面，诗—禅思维方式，如果把握不到家，也会弊病丛生。这是辩证法的问题，应该都能够理解而不必"缠夹"的。从这种视角出发，对于我们理解2005年以来央视"百家讲坛"播出"刘心武揭秘《红楼梦》"所引起的社会风波，也就"思过半"了吧。

"鉴赏考证"的理论

王运熙、顾易生主编《中国文学批评通史》之《宋金元卷》，论到严羽的《沧浪诗话》时，有这样的一段话：

最后《考证》一章，人多忽略，因为从理论家的眼光看，考证并非理论；而从传统学者的眼光看，考据又非严羽专长。实际上，如郭绍虞所说："昔人对于考证作品时代，原有二种方法：一、鉴赏的；二、考据的。"

严羽的《考证》，多用"鉴赏"的考证方法，这与其"熟参""妙悟"和辨析诸家体制的本领有关，而这种鉴赏考证的本领，又自觉以《诗辨》理论总纲为指导。所以，即使是材料的考证，也可见严羽自己的理论个性和特色。而且从文艺美学的角度看，鉴赏考证，本身就是对于考据方法的一种开拓。

艺术的批评与鉴赏，有时不尚理性之知，而重视知觉的体悟，以心会心，独契精微，更能发挥艺术的审美作用。当然，由鉴赏而作考证，严羽的具体说法有是有非。但是不能因为某些具体材料有错误，进而就一概抹煞鉴赏考证方法的作用。[①]

这种"鉴赏考证"正是周汝昌所特别标举的。这段话也可以看作对红学研究中争论的回答，所谓红学考证研究"需要'证'而不是'悟'"的指责，显然与"重视直觉的体悟，以心会心"是两种路向。

《中国文学批评通史》中还进一步论到"熟参、妙悟与辨识体制"：

《沧浪诗话》论诗方式的一个特点是"以禅喻诗"，它成了后代诗论家议论的热门话题。赞成者如明僧普荷《诗禅篇》云："太白、子美皆俗子，知有神仙佛不齿。千古诗中若无禅，《雅》《颂》无颜《国风》死。惟我创知《风》即禅，今为绝代剖其传。禅而无禅便是诗，诗而无诗禅俨然。从此作诗莫草草，老僧要把诗魔扫，那怕眼枯须皓皓。一生操觚壮而老，不知活句非至宝。吁嗟至宝声韵长，洪钟扣罢独泱泱。君不见，严沧浪。"

……就是严羽所抨击的苏轼和黄庭坚，也常用禅语来论诗。如苏轼《送参寥师》诗云："欲令诗语妙，无厌空且静。静故了群动，空故纳万境。"

……与李之仪同时的韩驹也有《赠赵伯鱼》诗云："学诗当如初学禅，未悟且遍参诸方。一朝悟罢正法眼，信手拈出皆成

---

① 王运熙、顾易生主编：《中国文学批评通史（宋金元卷）》，上海古籍出版社，1996年，第374—375页。

章。"还有少时以诗为苏轼所赏识的吴可，他著《藏海诗话》，往往阐述苏氏诗论，揭橥了"凡作诗如参禅，须有悟门"的宗旨。他曾作三首《学诗诗》云：

学诗浑似学参禅，竹榻蒲团不计年。直待自家都了得，等闲拈出便超然。

学诗浑似学参禅，头上安头不足传。跳出少陵窠臼外，丈夫志气本冲天。

学诗浑似学参禅，自古圆成有几联？春草池塘一句子，惊天动地至今传。[①]

谈禅与《红楼梦》，怎么说到这儿了？是不是跑了野马，离题了？提出这样的问题，那可就还是没有真弄懂"禅"是怎么回事了。曹雪芹创作《红楼梦》，从根本上，是浸透了禅思维方式的，因此才有了文本之"空筐结构""召唤结构"的无穷阐释余地。而研究《红楼梦》与红学，当然也只有与此种禅思维"心心相印""灵犀暗通"，才可能领悟其微妙，得其环中而契入圣境。这里最重要的，就是要把握禅的精髓和本质。还记得那三个"关键词"吗？

诗、哲、活。

禅在《红楼》第几层？

2006年8月22日

---

① 王运熙、顾易生主编：《中国文学批评通史（宋金元卷）》，上海古籍出版社，1996年，第405—406页。

附

录

"红学"何以应定位于"新国学"的思考

周汝昌先生来信说，《社会科学战线》上面有一篇关于"新国学"的长文，自己眼睛不行了，无法细阅，要我读一读，将读后感想告知。周先生对这个论题感兴趣，是因为先生将红学（《红楼梦》研究）定位于"新国学"，1999年第2期《北京大学学报》刊登龙协涛《红学应定位于"新国学"——访著名红学家周汝昌先生》，即正式提出了这一命题。笔者阅后曾有所触发，回应了一篇《对"红学应定位于'新国学'"的一点理解》，写成后长期搁置，后来才得以在2003年第6期《淮阴师范学院学报》发表。

找来《社会科学战线》一看，是王富仁先生的《"新国学"论纲》，共分三十三大段，分刊于2005年第1、2、3期，真是洋洋大文。读完后不禁又有所触发，就写下这些札记，既是对自己所思考问题的一种清理，也就向周先生交卷了。当然，同时向王富仁先生寻求"你证我证，心证意证"，以检验笔者之"立足境"达到了哪一个层次。

关于"新国学"的意义定位

王富仁先生说,"新国学"不是一种学术研究的方法论,不是一个学术研究的指导方向,也不是一个新的学术流派和学术团体的旗帜和口号,而只是关于中国学术的观念。它是在我们固有的"国学"这个学术概念的基础上提出来的,是它适应已经变化了的中国学术现状而对之做出的新的定义。

王先生对百年以来"国学"观念的演变以及其各阶段代表人物的"荦荦大者"做了回顾评点。指出"国学"是在20世纪初,为了将中国学术同西方学术区别开来而产生的一个学术概念。再早有晚清知识分子开始使用的"中学"和"西学",正是"中学""西学"这两个概念的划分,将中国的学术推进到了一个全新的历史发展阶段。直至现在,代替"中学"这个概念的"中国文化"和代替"西学"这个概念的"西方文化",仍然是中国学术的两个关键词,构成了中国现代学术的基础构架。

我们学术上的重大分歧,当发展到一定程度,就会归结到"中国文化"和"西方文化"及其关系的问题上来,并且一旦回到这个基本问题上,彼此的对话就中止了,就没有进一步讨论的余地了。

这种分析和概括,可谓提纲挈领,实事求是。而王先生的发明和最后定位,是扩大"新国学"的内涵和外延,将"新国学"视为参与中国社会生存和发展的一个学术整体,"新国学"就不是规定性的,而是构成性的。认为这样就能解决中国文化"归宿感的危机和由此而来的自我意识形式的混乱"。在这种定位和视野中,所有用中华民族语言(汉语为主)表现的文化现象,包括数学等自然科学以及现代社会科学各学科，就统统纳入"新国学"的范围之内了。

从长远来看，这种思路是有意义的。如果把"国学"只限制为"五四"新文化运动以前的中国传统文化，随着时间的推移，"国学"会愈来愈萎缩，会与现实生活愈来愈脱节。所以，从总体上，我赞同王富仁先生大叙述的"新国学"思路。

我想要做一点新发明的，是接续周汝昌先生和笔者曾经主张的将"红学"定位于"新国学"这一老话题，看看在王先生"新国学"的大概念中，是否还有立足之地和合理性，或者这也可视作对王先生宏论的一点引申和发挥。

就眼前的现实文化环境而言，在许多人的意念里，"国学"仍然主要是指中国古代的传统文化，即"五四"以前的中国传统文化。而从汉武帝"罢黜百家，独尊儒术"以后一直到晚近的中华民国，儒家的思想、学术即成为中国传统文化主流意识形态的代表，或者再扩大一点，就是所谓儒、佛、道互补的框架。而作为这个大框架最具有代表性的经典，虽然可以列出一大串，那最核心的，则是"诗云子曰"——《诗经》和《论语》。

传统的各大文化系统，都有一两部自己的经典作为代表，随着文化的演变，经典也会发生整合替换。比如从犹太教到基督教的《旧约》和《新约》，伊斯兰教的《古兰经》，佛教各大门派也都有自己的"宗经"。中华传统文化当然就是《论语》了，也可以加上《诗经》。

这是一个值得注意的文化现象。后来西方的科学技术文明兴起，但西方社会仍然维持着现代文明与古代文明的精神联系，传统的基督教仍然是西方社会重要的人文精神支柱。美国总统就职，仍然要手触《圣经》宣誓。穆斯林仍然要经常提起真主如何如何，《古兰经》是怎么说的。

所以，中国的"新国学"，即使在整合以后的"大叙述"视野中，仍然需要象征中华传统文化的一本"经典"和一个"圣人"。笔者在《对"红学应定位于'新国学'"的一点理解》中曾经说，中西文化的认同纠葛，其实还紧密关涉着一个迫切的现实问题，即中华民族需要一种有民族特色的文化精神的支柱支撑，也就是解决所谓灵魂信仰的失落危机、精神价值的悬置虚脱问题。

这也是一个世界性的问题，但在当代中国似乎格外急迫紧要。我所意指的"新国学"主要是在这种"文化故乡、精神家园"的意义层面上立论的。这其实并不与大叙述的"新国学"相矛盾，而是互相发明和补充的。时代发展到21世纪，《红楼梦》应该取代《论语》和《诗经》的"中华传统文化圣经"的地位，曹雪芹应当取代孔子的"圣人"地位。我们不再需要全民族的"导师"，但仍然需要象征性的民族文化的"圣人"和"圣经"，正是在这个意义上，《红楼梦》研究和红学最有资格充当"新国学"以沟通古今，传承文明。

王国维与《红楼梦》

王富仁先生说：假如说康有为、梁启超、严复等人的思想更是社会学意义上的，王国维的思想则更是美学意义上的；假如说康有为、梁启超、严复等人的思想更是知识层面的，王国维的思想则更是情感感受层面的。中国文化是有着几千年悠久传统的文化，清王朝是有着几百年漫长历史的封建王朝，作为一个中国知识分子，自幼就把中国文化作为一种具有最高价值的文化，自幼就把忠君爱国作为自己最高的人生价值，但历史的变迁却突然轰毁了这种理想，连在自己的感觉中，也已经感到中国文化在西方文化冲击下日趋衰败的大趋势，也已经直感到了清王朝覆灭的历史命运。在这种历史的趋势面前，个人是无力的。旧的在崩溃着，新的却还不知是祸是福。这该是一种怎样的怅惘和悲哀！

王国维没有像很多中国知识分子那样闭上眼睛不愿看到中国固有文化传统的衰弱，也没有像很多中国知识分子那样以欣赏的态度看待自己民族及其文化的危机，这说明他属于那种用感情拥抱着自己的民族和自己的民族文化的知识分子。正是他的这一特质，使他成为中国第一个真正能够感受并体验到悲剧之美的学者，成为第一个真正能够感受并体验到《红楼梦》的杰出美学价值的中国学者，成为第一个真正能够感受并以自己的方式理解叔本华哲学的中国学者。在这个方面，恐怕是后来很多美学学者也不可企及的。

他的意境说是对诗歌美学的杰出贡献，不但在中国美学史上具有自己独立的地位，即使在世界诗歌美学史上，也应该有其独立的价值。在他那个时代，他是真正把目光转向中国古代非正统文化的学者，这使他成了中国第一个中国戏剧史专家。他还是最早进行甲骨文、金文研究并有卓越贡献的学者之一。在对悲剧美学的领悟上，他直接连接着鲁迅所开启的新文学悲剧美学传统。

如果深入一步观照的话，这些评价王国维的话移之于曹雪芹其实更合适。曹雪芹比王国维早了一百多年，却以其天才的早慧敏觉到中国传统文化即将面临的危机，并以卓绝的悲剧艺术表达了这种危机意识。同时，曹雪芹比王国维更是"情感感受层面的"，"自幼就把中国文化作为一种具有最高价值的文化"，"属于那种用感情拥抱着自己的民族和自己的民族文化的知识分子"。

曹雪芹其实比王国维更加深入中国的诗词意境美学，《红楼梦》就是一本诗化的小说、一个空前伟大的叙述体的意境；是比王国维更早更深刻地把目光转向中国古代非正统文化的中国文人，因此他才创作出号称中国文化百科全书的稗官小说；是比王国维更"直接连接着鲁迅所开启的新文学悲剧美学传统"。（可参看笔者所撰《红楼梦的两种悲剧观》等文）①

同时，对中华传统文化的前途，曹雪芹没有像王国维那样绝望，这并不是因为他生于"康乾盛世"，而主要在于曹雪芹比王国维更有艺术天才，也更有思想深度。在《对"红学应定位于'新国学'"的一点理解》中，我曾经说："曹雪芹的《红楼梦》比其他任何一种中华文化的文、史、哲文本对传统文化思想都更具有'汲取精华、剔除糟粕'的立场、思想和眼光。孔孟的儒学中有'专制主义'的因子，老庄的道学中有'消极出世'的倾向，佛教的禅宗披着宗教的外衣……此外如李杜之诗，苏辛之词，关汉卿、王实甫之曲，乃至《三国》《水浒》《西游》，没有一个能像曹雪芹的《红楼梦》这样在文、史、哲诸方面都达到了惊人的高度，同时又具有不少超前的现代性意识因素。这种现代性意识因素（当然是包孕在小说的情节、人物、场景等'字里

---

① 梁归智：《红楼梦探佚》，北京师范大学出版社，2010年。

行间'之中需要'咬文嚼字'、挖掘阐扬的）使得《红楼梦》特别容易与现当代的思想精神文化接轨。所有的中国古典文、史、哲文本，都没有曹雪芹在《红楼梦》中表现出的那样深邃的对中华传统文化负面因素的反思和批判，那样接近于现代意识，同时又那样原创性地承载弘扬了中华传统文化的珍醇华粹。也就是我过去常说的曹雪芹的《红楼梦》特别具有'对传统文化扬弃'从而'改造中国人的国民性'的文化觉悟和精神品位。"

王国维写了近现代意义上第一篇研究《红楼梦》的学术论文《红楼梦评论》，但这是一篇存在根本缺陷的论文，即没有区分曹雪芹原著和后四十回续书"两种《红楼梦》"而"混论"之，因而所谓"真正能够感受并体验到《红楼梦》的杰出美学价值"其实是一个不精确的判断。笔者早已论述过，"两种《红楼梦》"的争持本身反映了极为复杂的中华文化内在的矛盾机制，隐藏着中国人之"国民性"的蜕变与新生的斗争，即"传统"自身的纠缠与革新。这里面涉及对真、善、美关系的看法，悲剧实质的认同，历史、伦理、审美观、哲学观等根本性质的文化心理问题。

比如，续书《红楼梦》所完成的"黛死钗嫁、宝玉出家"的故事从表面上看来，似乎打破了传统的"光明尾巴""大团圆"的俗套，故而自王国维以来就予以赞美。但这个"悲剧"究其实还是一个符合中国正统观念的伦理性质的悲剧，"好人"与"坏人"、"善"与"恶"都清楚分明，与古希腊的"命运悲剧"大不相同。而曹雪芹原著所写"忽喇喇似大厦倾""落了片白茫茫大地真干净"的悲剧则比较接近古希腊悲剧，超越了伦理层面而进入了哲理层面，体现了中华文化一种凤凰涅槃式的自我超越和升华。

又比如，原著所写贾宝玉的爱情观、婚姻观并非焦仲卿刘兰芝、梁山伯祝英台那种殉情模式，而是如苪官、藕官和蕊官故事所象征的那种"男子丧了妻，或有必当续弦者，也必要续弦为是。但只是不把死去的丢开不提，便是情深意重了"（《红楼梦》第五十八回）这种更具有现代人性的思想。而后四十回续书所完成的宝黛钗爱情婚姻悲剧却比焦刘、梁祝模式还要倒退和俗化（焦刘和梁祝都没有彼此"怨恨"，纵曾有"误会"也终于互相"知音"、彼此理解，黛玉却临死"恨骂"宝玉"负心"）。"两种《红楼梦》"的差异斗争不是包孕着很深刻的内容吗？甚至可以说这种差异斗争具有一种神秘的文化隐喻意味。①

曹雪芹是中华文化的"文采风流第一人"，《红楼梦》是中华文化的"文采风流第一书"，是中国传统文化的百科全书和"一条主脉"，同时深刻地反思和揭露了传统文化中落后和腐朽的东西。从一种更深入更本质的层面上观照，王国维其实并没有后来居上，他和曹雪芹达到的高度还是有相当距离的。

章太炎与曹雪芹

笔者的研究生导师姚奠中教授是章太炎晚年在苏州办国学讲习会的关门弟子之一，如果论传统的"师法与家法"，我也算是"太炎先生再传弟子"了。王富仁先生的"新国学"论纲中，章太炎占了不少篇幅。

---

① 参见《石头记探佚》《独上红楼——九面来风说红学》，山西古籍出版社，2005年。

王先生说章太炎"是在本民族文化传统中获取其思想动力的。这种思想动力不是某种新的经验、新的知识、新的思想学说，而是一种独立不倚的主体精神"，并分析说这是由于章太炎从少年起就脱离了科举考试的道路，这是他能够将清代的实学完全从宋明理学乃至整个传统儒学中独立出来，提高到"国学"高度的一个重要原因。到了章太炎这里，"国学"这个概念才具有了真正学术的性质，它不再是与"西学"相对举的一个大而无当的笼统概念，而有了一个不以西方文化存在为逻辑前项的独立而又相对完整的文化系统。它述说的不是中国文化与西方文化有什么区别，而是回答中国文化是什么样的文化的问题。它不只是"国故"，同时还是章太炎以自己独立的文化观念重新梳理和结构起来的完整的系统。章太炎持的不是一律排斥的态度，但也不是一律赞扬的态度，其中有整合也有分析，有肯定也有批评，从而也远远超出了"国粹"这个概念所能概括的范围。

这是很有见地的分析。不过我们又可以看到，对章太炎的点评移之于曹雪芹同样合适。曹雪芹是通过《红楼梦》的创作而实现了章太炎对"国学"的整合和分析，他更是在本民族文化传统中获取自己的思想动力，对中华传统文化，他同样是"有肯定也有批评"，而之所以能达此境界，关键正在于曹雪芹具有"一种独立不倚的主体精神"。

如果说章太炎的"主体精神"得益于他少年起就脱离了科举考试的道路，曹雪芹则由于少年起就经历了由"百年望族"而一败涂地的非常遭遇，这显然比不参加科举考试对独立精神的确立有更大的促成作用。

我曾经比较过鲁迅和曹雪芹的同异。鲁迅说过"有谁从小康人家而坠入困顿的么，我以为在这途路中，大概可以看见世人的真面目"，因而激发了他"走异路，逃异地，去寻求别样的人们"（《呐喊·自序》）的独立主体精神。而曹雪芹所遭遇的家族毁灭的变故比鲁迅要强烈得多，其对历史人生反思的独立向度也就更深广。

王富仁先生论章太炎把民族语言提高到了中国文化的"本质"的重要地位上的分析就更加有意思了。中国的语言文字，是一个由最初极少的古字逐渐孳乳衍生而成的，彼此构成的是一个完整的结构。每一个字词都与其他的字词有着特殊的关联，并形成自己繁多而又相对独立的意蕴与意味。

中国语言文字所能表达的思想、感情、情绪和意味，是他种语言所无法完整地进行表达的，而他种民族语言所能表达的，中国语言文字也无法完整地进行表达。如果没有这样一个独立的语言体系，就再也没有别的东西可以将中华民族如此紧密地联系在一起。中华民族的民族性首先就表现在中华民族语言文字的独立性上。

实际上，直至现在，我们所感到的中国文化的危机，仍然主要是中国语言文字的危机。假如中国人不把自己民族的语言当作自己的母语，假如中国知识分子劣于用民族的语言文字表达自己的思想感情而优于用外民族的语言文字表达自己的思想感情，也就意味着中国文化危机和中华民族的民族危机的到来；假如中国人只能使用外民族的语言文字，而不再使用中华民族的语言文字，也就意味着中华民族的解体。中华民族的民族性，首先孕育在中国的语言文字之中。

文学是中国语言文字孳乳得最为繁茂的一棵大树。但是，这棵树有根干也有枝叶。枝叶可掉，根干却不能烂。根干不烂，枝叶会再生；根干一烂，枝叶终将枯萎腐烂。什么是中国文学的根干？主体的精神感受才是文学的根干。词逮其意，气自舒卷，亦即文意自主体精神感受而生，文气随主体精神感受而动，生而不弃其根，动而不离其本，不把语言文字作为自己思想感情的装饰品，而是当作自己主体精神自身的表现。

正是在这样一个意义上，章太炎不取我们更加崇拜的唐宋诗文，而独标我们常常忽略的魏晋文章。……直至现在，我们可以看到，中国的文化、中国的学术、中国的文学，并不失之于质实无华，而是常常失之于谲诡浮夸。"出入风议，臧否人群，文士所优为也。持理议礼，非擅其学莫能至。"（《国故论衡》）追风逐流者多，有主见者少；臧否人群者多，自立立人者少；文化泡沫多，文化内涵少。这在写作已经成为一个职业的现代社会，必然是文化衰败的主要表现形式。

春秋战国时期是中国古代社会思想结构初步形成的时期，那时的一个主要特点是文化专制主义制度还没有形成，不同的知识分子可以更自由地表达自己的思想主张。……章太炎以春秋战国诸子百家的学说为基础，用外来的佛学补充说明先秦的诸子学，并通过梳理各家各派的思想概念而重新建构中国古代的思想结构，是极为深刻的。

王先生的这些说法，确是见道之论，十分精彩。而这些论说其实在曹雪芹的《红楼梦》中才得到更为彰明较著的体现。在《〈红楼梦〉研究的意义——世纪之交检讨红学》①一文中，笔者就说曹雪芹"精气骨血直接通向了先秦诸子所代表的中国文化

---

① 梁归智：《箫剑集》，山西教育出版社，2000年，第5—18页。

的黄金时代"。曹雪芹的朋友敦诚、敦敏把曹雪芹比作阮籍、刘伶，这不正与章太炎独标魏晋文章如出一辙吗？

曹雪芹以《红楼梦》这个空前绝后的艺术文本回答了"中国文化是什么样的文化的问题"，应该说比章太炎的理论述说更具体更生动更深刻。曹雪芹的《红楼梦》是民族语言体现中国文化的"本质"这种论断最有力的证明。用周汝昌先生的话说："我们中国人的思想、感情、性格、观念（宇宙、人生、道德、伦理……）、思维、感受、生活（衣、食、住、行）、言谈、行动、交际、礼数、文采、智慧……无一不可从这部书中找到最好的（忠实、生动、魅力、精彩）写照"，因此曹雪芹和《红楼梦》是"一把进入中华文化之大门的钥匙"[①]

总之，红学其实应该更接近以章太炎为代表的在古文字学基础上发展起来的国学传统，这是由曹雪芹和《红楼梦》本身所具有的内涵和特点所决定的。红学的核心和要义应该是以研究者自己独立的感受和理解为研究对象进行的具体阐释和评价。研究者可以接受中国古代文化传统和西方文化传统的不同影响，但在做红学学术研究中，个人的现实人生感受和体验应该起到关键的作用，研究成果也应该带有强烈的个人化色彩。这一点在周汝昌先生的研究中得到了卓越的体现。

鲁迅、胡适红学观的启示

王富仁先生是鲁迅研究的专家，对鲁迅的观察和评论当然

---

① 具体论述参见笔者《独上红楼》等著作。

更能说到点子上。晚清复古派和洋务派的思想争论，提出的是"道"和"器"的关系问题，是精神文化与物质文化的关系问题。复古派坚持的是精神文化的独立性，洋务派重视的实际更是物质文化的重要性。在中国，重新将精神文化和物质文化有机结合起来，把精神文化作为人类文化最根本基础的则是鲁迅。

鲁迅的思想与章太炎的思想有着更本质的联系。相对于梁启超，章太炎重视的更是人的精神上的独立，用现在的话来说，就是人的主体性，也就是中国知识分子的主体精神的重建问题。由于鲁迅主要成了一个文学家，他的语言更是文学的语言，因而我们对现代学术史的考察中往往有意无意地忽略了鲁迅在中国学术史上的地位和作用。

从王先生的结论再往前推进一步，则是曹雪芹通过《红楼梦》所传达的思想内容正是"人的主体性""中国知识分子的主体精神的重建问题"，而由于曹雪芹更主要是一个文学家，《红楼梦》的语言更是文学的语言，我们的学术史考察对曹雪芹和《红楼梦》的忽略就更加严重了，可以说是从根本上就视而不见。其实，从曹雪芹与《红楼梦》切入，几乎中华文化的纠缠都能找到一个聚焦点，包括鲁迅和胡适这两位"五四"新文化运动主将的种种矛盾、是非、正误。

学术研究归根结底解决的是人类或一个民族或一个人对世界、社会、自我的理性认识的问题，但这种认识却无法脱离认识主体对认识对象的具体感受和体验，没有了这种确定的感受和体验，也就没有了认识对象的明确性和实现认识过程的主观基础。学术是一种科学，科学对我们是十分必要的，但脱离开人的精神感受和体验的科学主义却是破坏人类理性价值的学术杀手。曹雪芹的《红楼梦》正是这样一个贴紧"人的精神感受和体验"的可以说是独一无二的不可替代的中华文化的卓越文本。

正像王先生说鲁迅及其开创的现当代文学传统一样,《红楼梦》和红学研究"虽然不可能代替任何一个派别的学术研究,但它却通过自己的精神感受折射出为任何一个具体的思想学说所不可能完全涵盖的丰富的文化内容"。正像鲁迅的文学创作一样,《红楼梦》的阅读和研究,即使在理性思想的启迪意义上,也不亚于中国近现代任何一个具体的思想学说和学术派别。即使不把这部作品视为学术成果本身来对待,它至少也可以被视为中国学术研究的一个新的生长点。

这一视点在鲁迅和胡适的红学观上得到了最生动有趣而发人深省的体现。众所周知,胡适是新红学开山祖师,他的主要贡献是引进了西方的"科学方法",考证了"作者和本子"。但他对《红楼梦》的文本却没有进入的能力,自我表白说"差不多没有说过一句赞颂《红楼梦》文学价值的话",认为曹雪芹不过是一个"满洲新旧王孙与汉军纨袴子弟的文人"。①笔者曾分析过胡适的根本问题就出在他的"西学本位"立场。

胡适对中华传统文化是评价不高的。他对台北"故宫博物院"主任孔德成说过:"孔主任,我自认是爱国的,七十岁了,得到的结论却是中国文化并不高。""中国的音乐、建筑、美术、雕刻在世界文化史上也没有地位。三千年前,商的雕刻也不怎么样。美术上,近年来都是模仿。文学上虽人才辈出,但古人路走错了,杜甫也是会'对对子',少佳作啊!"②

① 见胡适1960年11月19日到1961年1月17日先后写给苏雪林和高阳的四封信。

② 见朱洪:《胡适大传》,安徽人民出版社,2001年。

胡适编《独立评论》，他很喜欢陈序经的"全盘西化论"。1929年，胡适发表《中国今日的文化冲突》，主张"全盘西化。一心一意走上世界化的路"。胡适做中国古代文化典籍的整理与考证，其目的和宗旨是："整理国故，只是要还他一个本来面目，只是直叙事实而已，使人明了古文化不过如此。粪土与香土皆是事实，皆在被整理之列。"①

曹雪芹的《红楼梦》，却是中华传统文化所孕育的一粒最灿烂的明珠，是中华文化的"百科全书"和"一条主脉"。它的本质，正是中华文化的本质，诗化和艺术化是其灵魂和核心。所以，胡适作为新红学的开山祖师，就成了一种悖论。他既在版本和作者的考证方面筚路蓝缕，功勋卓著，又对曹雪芹其人和《红楼梦》其书认识存在偏颇，不得其门而入。

反观鲁迅，他没有做过专业的红学研究，却在《中国小说史略》和杂文中多次谈到曹雪芹和《红楼梦》。鲁迅接受了胡适的考证结论，说明鲁迅对"科学方法"的认同，但他同时超越了胡适，就是对曹雪芹和《红楼梦》具有精神气质方面的深度感受和理解。

鲁迅往往三言两语，就能对曹雪芹和《红楼梦》的精神实质直捣垓下。比如："悲凉之雾，遍被华林，然呼吸而领会之者，独宝玉而已。"（《中国小说史略》）这最生动地说明鲁迅从中华文化本身中成长的主体性，而胡适则是割断了中华文化之精神血脉的。

这在"语言"这一最本质的问题上同样得到体现。郜元宝先

---

① 见朱洪：《胡适大传》，安徽人民出版社，2001年。

生对"鲁迅风"和"胡适之体"的比较很能说明问题:"胡、鲁文体最触目的差别在于一为现代型专家语言,一为传统型通儒语言。通儒语言可以熔议论、沉思、刻画、虚拟、感觉、想象、激情、梦幻于一炉,文史哲自然无所不包,广出犄角,连类旁通,适应性强,不以论题影响其个性。

……鲁迅的文字始终围绕语言的核心,不只在这个那个论题之间来回奔忙,故纯然湛然,极少杂质,像一种圆舞,既四面扩张,又不断做向心运动。专家语言也有一贯色彩,但易受客观牵制,常随治学领域与议论对象变化。

……作为汉文学渊薮的'文章',始终是鲁迅小说不容漠视的文化背景,他的语言也因此而比胡适具有更多的凝聚性。……胡文好读,然而铺陈太过,像听报告,总在某个平面上滑行,一平如砥,久则容易生厌。……'胡适之体'往往只能照顾到真理光亮的一面,'鲁迅风'却能够表达真理本身的复杂性。

……人们对胡适思想的记忆,已渐渐超过对其语言的感受,可当人们记起鲁迅时,他的精神气质和人格魅力,总是同文风一道浮现。即使起初在思想感情上对鲁迅漠然淡然的人,一旦进入其语言世界,也会不知不觉如饮酒微醺,陶然忘机。……'胡适之体'和'鲁迅风'的差异,又岂在修辞学的层面,它系于个人写作距离动态的汉语本体的'远'与'近'。"①

由于胡适和鲁迅对中华文化特别是语言文字的感受和理解之差异,所以引出他们对《红楼梦》版本认同的参差。鲁迅在著作中引到《红楼梦》原文,都据比较接近曹雪芹原著的戚蓼生序本

---

① 郜元宝:《在语言的地图上》,文汇出版社,1999年,第4—18页。

《石头记》，胡适虽然以考证版本起家，却对文本的优劣缺少辨别能力，反而推广被改坏了的程乙本《红楼梦》。这已经成了百年红学争论之最本质最核心的问题，笔者在学术著作中做过综述分析，这里就从略了。

鲁迅在中国文化的发展史上属于"五四"新文化阵营，但在学术传统上则与从古文学派（以古文字学为基础）发展而来的章太炎的国学传统有着一脉相承的连带关系。鲁迅与章太炎的根本区别就是不把中国传统正统文化绝对化，而更重视它在进入世界联系之后的革新与发展。西方文化和中国古代的非正统文化在启动中国文化的现代变迁中受到鲁迅的高度重视，但他在感受和评价文化的方式上则仍然继承着章太炎的传统。

《中国小说史略》《中国小说的历史的变迁》第一个特点在于它们既没有把中国古代小说放在古典主义、浪漫主义、现实主义、现代主义、后现代主义这些西方文学的分类概念中进行阐释和评价，也没有将它们放在忠、孝、节、义、言道载志、温柔敦厚、中庸和平等中国古代文化的价值标准下进行阐释和评价，而是依照中国古代小说自身演变和发展的轨迹进行叙述，根据作品自身的表现力予以具体评价。

与此相联系的第二个特点是他对中国古代各种不同类型小说的命名方式。中国现当代文化对西方文化的依附性特征首先表现在我们几乎丧失了对任何事物的独立命名权，不仅对于西方文化我们很少意识到自己的命名权，即使对于中国人、中国文化乃至中国现代、当代的中国人（包括我们自己）和中国文化都严重丧失了独立命名的权力。

在中国始终坚持自己命名权的是鲁迅。"人情小说"等名称，都是根据中国小说自身的特征予以命名的，这些名称与所指代的对象之间几乎不具有任何模糊性间隙感，因为这里的"名"就是"实"之"名"，这里的"实"就是"名"之"实"。而那些用现实主义解读杜甫，用浪漫主义解读屈原的分类方式不但给对象罩上了一层外国文化的有色玻璃，也使整个中国文学发展史的脉络变得十分混乱。

这种对鲁迅治学源流的梳理简直可以看作就是针对红学研究历史和现状的针砭。百年来的红学研究，学派繁多，争论不休，其实其中最本质的问题就是大多数研究者不具备章太炎、鲁迅的治学立场和视野，缺乏独立不倚的主体精神。以前的索隐派、评点派用忠、孝、节、义、言道载志、温柔敦厚、中庸和平等中国古代文化的价值标准对《红楼梦》进行阐释和评价，后来的维新派则用西方的概念名目往《红楼梦》上面套，从王国维的叔本华哲学，到后来的"现实主义"和"典型形象"，现在又是"叙述学""原型批评"等各种西方理论模式（又有了新说法——"范式"），不一而足，结果引发了"百年误读《红楼梦》"的学术悖论。

中国的具体文化成果必须首先在中国文化的语境下得到感受和理解，而不应当用西方某派某家的标准予以衡量。也就是说，中国知识分子对于自己的文化创造要有自己的独创性，至少应该有自己的独立性。

不能无视，在红学界，只有周汝昌始终坚持了与章太炎、鲁迅类似的治学精神。他始终批评教条主义，拒绝用西方的各种名目概念生硬地解释《红楼梦》，而以实际的感悟玩索切入文本的具体内容以"综互合参"，始终坚持自己独立的"命名权"。从曹学、脂学、版本学和探佚学的红学四大分支，到"红学是中华文化之学""红学应定位于'新国学'"，从甲骨学、敦煌学、红学分别代表了上古、中古、近古三个阶段中华文化的辉煌，到"中华文化的两条主脉"（以先秦诸子为代表的仁、义等伦理社会道德基则的一条主脉和以《诗经》《楚辞》为首的历代诗文大家的文采风流的另一条主脉），坚持了学术研究的民族性和独立性。

有了这种高屋建瓴的观照，对胡适倡导的"五四"白话文革新在红学中的复杂纠缠才能有更为清晰的认识。随着书面文化的普及和中国社会化程度的提高，中国古代也逐渐发展起了另外一个书面话语体系。这个话语体系不是在国家政治和国家教育的基础上发展起来的，但也不纯粹是某一个区域的地方语，而是一套非正统的书面语言，是作为通俗读物而在社会上逐渐流传并丰富着的。中国古代小说、戏剧在这个话语体系的形成中起到了关键的作用，但其影响却不仅仅局限在小说、戏剧上。

这套语言，是在特定地域的口头生活语言的基础上发展起来的，但作为创作者又是受过正统文化教育的知识分子。对上，它能把经、史、子、集、诗、词、歌、赋等正统的高雅语言通过自身的消化纳入这个话语体系中来，从而使其具有了通俗性和现实生活的气息，更能体现作者个人的情感情绪体验以及各种不同的实际生活经验；对下，它可以把现实日常生活中的口头语言更充分地纳入自己的话语体系中来，从而使现实日常生活语言具有了广泛的社会性，具有了高雅的、严肃的色彩，更能实现作者与其读者的思想或情感的交流。它是介于雅与俗、地方口头语言和书面文化典籍语言之间的一种语言，起到的是最大限度地包容二者的创造成果、沟通二者之间关系的作用。

中国古代书面语言的这种潜在的变化状态，可以通过曹雪芹原著《红楼梦》这部小说感觉得到。它的语言，不是比经史子集的语言更加干瘪，更加没有表现力，而是更加丰富，更加具有思想和情感的表现力。它是包容了中国古代各种不同的语言表现形式之后形成的一个内涵更加丰富的语言体系。胡适所说的白话文，从理想的角度而言，本来应该是在中国古代这样一个话语体系的基础上提出来的，以曹雪芹原著《红楼梦》作标本，为中国现代文化的普及和发展提供一个新的语言载体。

曹雪芹原著（戚蓼生序本《石头记》）与后四十回续书（程乙本《红楼梦》）是"两种《红楼梦》"，它们的语言也是"两种白话文"，二者的差异反映出深刻的文化矛盾。也就是说，曹雪芹原著的语言，才真正做到把经史子集、诗词歌赋等正统的高雅语言通过自身的消化纳入小说话语体系中，创造出一种介于雅与俗、地方口头语言和书面文化典籍语言之间的一种雅俗完美结合的"白话文"。而后四十回续书的语言则是单纯模仿日常通俗口语的"白话文"，缺少了雅的维度，因而味同嚼蜡（程乙本对前八十回的语言也做了俗化修改）。这个问题张爱玲在《红楼梦魇》中曾经尖锐地提出过，笔者的几种红学著作做过详细具体的论述，可以参看。

胡适对此却麻木不仁，对"两种《红楼梦》"两种白话文的区别缺乏感受能力，这与他以及"五四"时期一些激进文化人标榜对"桐城谬种，选学妖孽"要斩草除根，一味推崇未经加工的口语"白话文"的偏激态度是一脉相通的。总之，历史的发展不是简单化的，是复杂曲折的，胡适提倡白话文，却又把白话文绝对化了，在某种程度上割断了它与传统文化的血肉脐带。这也就是我们所谓

"鲁迅风"和"胡适之体"两种"白话文"的分水岭。

只有鲁迅，才创造了真正脱胎于传统而不失其神韵精粹的白话文，即"胡适之体"和"鲁迅风"之区别。周汝昌对胡适由于提倡"白话文"而推广程乙本《红楼梦》屡作批评，也正是从这个意义上观照的。如他说：

"我的拙见与妄言，简而称之，主要有两点：一是他对中华文化，尤其是语文的特点优点缺少高层次的理解认识，硬拿西方语文的一切来死套我们自己的汉字语文。二是胡先生的审美目光与理想境界也都是以西方外国文化的标准为依归的，他的思想是竭力把中国文化引向西方模式，使之'西化'。我悟到这是他的思想认识的本质，所谓提倡'白话文'者，也不过是个现象形态问题而已。

"胡先生似乎不求深懂或不愿多理会我们中华汉字语文的极大特点特色。……这一切都与欧洲语文不同。所以，它又天生带着'文言性'。这些，胡先生不加理会，要用欧西语文的观念、法则、款式……来对待它。"①

陈独秀、李大钊主张的是社会政治意义上的思想革命，这种思想革命直接产生在对中国社会进行整体改造的愿望和要求中，具有强烈的社会性和政治性；鲁迅、周作人主张的是国民精神发展意义上的思想革命，这种思想革命直接作用于一个人的自我意识、他者意识以及人与人精神关系意识的改变，具有强烈的精神性和道德性；胡适主张的则主要是科学思维方式和研究方法论意义上的思想革命，这种思想革命直接联系着学院派知识分子的人

---

① 周汝昌：《我与胡适先生》，《脂雪轩笔语》，上海人民出版社，2000年。

生观念和世界观念，联系着他们从事实际学术研究活动的基本技能和训练。

这种区分在红学领域中也有所表现，而且更加耐人寻味。胡适用杜威的实验主义考证《红楼梦》的作者和版本，自然是科学思维方式和研究方法论意义上的思想革命，而周汝昌在一定程度上继承鲁迅的衣钵，对《红楼梦》思想和艺术内容的考证与阐发，实质上是直通"国民精神发展意义上的思想革命"的。从胡适开创的新红学，到周汝昌倡导"红学应定位于'新国学'"，百年红学演变的"脉络"和"理路"其实与王富仁先生描述的新国学之变迁息息相关。

而这里面还有更微妙的矛盾内涵值得琢磨，就是无论胡适代表的学院派的学术研究活动，还是毛泽东代表的政治思想意义上的思想革命，都只能停留在比较浮浅的层次，而不能更深刻地阐发出曹雪芹和《红楼梦》的思想及艺术内涵。虽然也不无贡献，但也起了许多障碍作用。而只有由鲁迅张扬的国民精神发展意义上的思想革命，经过周汝昌代表的红学流派的努力，才真正接近了曹雪芹的灵魂，开启了《红楼梦》的思想和艺术秘密。

《红楼梦》是一本承载着丰富中华文化的感受性之艺术载体，所以，毛泽东的"政治"文化和胡适的"学术"文化就都只能部分地与这个文本发生重叠，而只有鲁迅的"文学艺术"文化才能与其发生最大限度的共鸣和契合。

在人类文化中，只有文学艺术是只能用自己的心灵去感受而不能仅仅用理智、用推理、用逻辑去判断的对象，是使我们能够不断回归自我、回归自我的自然本性、回归自我的生命本体的方式。这并不意味着所有的文学艺术作品都能实现这种人性复归的目的，但它却是所有杰出的文学艺术作品的主要标志。

恰巧，《红楼梦》就是这样一部杰出的文学艺术作品，而且几乎可以说它是能够衔接古代中国文化和现代中国文化之唯一一部杰出的文学艺术作品。

不论哪个民族、哪个时代的文化，都不应仅仅有政治的革命的文化，有科学的学术的文化，同时也应有文学艺术和其他各种不同形式的社会文化。这里的原因绝不仅仅是文学艺术有娱乐功能，而且是不论是政治的革命的理论，还是科学的思想的学说，在起到它们有可能起到的积极作用的同时，也有可能构成对人的思想的异化。中国在进入与现代世界的文化联系的时候，已经拥有悠久的文化历史和极为丰富的文化遗产，同时面对着西方发达资本主义国家的文化，这有可能成为中国文化复兴的伟大动力，但也有可能构成对现代中国人、现代中华民族的一股更加巨大的异化力量，使我们在中外纷纭复杂的文化现象面前，乱了方寸，抓住了"文化"，却失掉了自我，失掉了自我在世界上的主体性，即不是由我们驾驭文化，而是由文化驾驭我们。这种文化的异化，常常是在文化错位的情况下发生的。

在世界政治、经济、文化都趋向一体化的大背景下，我们正面临着这样一种现实的挑战，而曹雪芹和《红楼梦》正提供了一个足以使我们底气充足的中华民族文化的范本，一个卓绝的艺术的范本。它至少可以起一种提醒作用，使我们在面对强势的西方文化时，不会被其所异化，提醒我们用自己的心灵、用自己独立的生命意志和要求去重新感受、了解和理解它。而胡适的新红学考证、毛泽东的批判运动，正是在起到某些积极作用的同时，也构成了对人的思想的异化，对《红楼梦》文本阐释的异化。

通过杜威的实验主义哲学，胡适把中国古代墨子的逻辑学、范缜的"神灭论"等带有唯物主义倾向的古代哲学、清代乾嘉学派的治学方法等联系起来，在中国古代文化和西方文化之间架起了一座可以相互过渡和相互发明的文化桥梁，从而也为中国文化的世界化奠定了一定的基础。

中国古代以宗经传道为基础的学术文化，以古代经典文本为基本的建构基础，是"教条主义"的；而中国现代学术则以科学的观念以及科学的方法论为基本的建构基础，以"求知"（求新知）为目的。所以，虽然胡适对于科学以及科学方法论的理解还有自己的片面性，带有明显的科学主义倾向，但他到底将中国学术从宗经传道的目的中解放出来，使之转移到以科学为基础的研求新知的目的上来。

不过，这种概括是不全面的，有重大的偏颇遗漏。那就是中国传统文化的核心和本质并不仅仅是以宗经传道为基础的学术文化，还更有文采风流的诗文化、艺术型文化。后者同样融化在民族文化的血液中，具有不朽的生命力量。中华传统文化直到今天仍然具有巨大魅力，后者的作用是更主要的。而宗经传道的文化，则在《红楼梦》的文本中发生了"创造性转化"和"转化性创造"，即它奇迹般地对传统"弘扬精华，抛弃糟粕"——这正是《红楼梦》能够衔接古今思想的一个契机。

《红楼梦》的魅力主要体现为这种思想的"创造性转化"和"转化性创造"，特别是它的文采风流。而恰恰是在这种最本质最核心的方面，无论是正统的宗经文化，还是胡适的学院文化，或者是毛泽东的政治文化，在观照研究《红楼梦》时都不免雾里看花，隔了一层。隔的这一层就是周汝昌所说的以《诗经》《楚辞》为首的历代诗文大家为代表的中华文化的那一条主脉在《红楼梦》中的体现和发扬。胡适的学院文化在他的红学中表现出来的，正是对这一中华文化最具神韵的部分缺乏感觉，暴露了其被西方文化异化的缺陷。

这种诗文化对人生的本质意义还可以从更深刻的层面上来观照。张祥龙在《海德格尔思想与中国天道——终极视域的开启与交融》中说："在强调诗歌是接通人的终极境域这一点上，海德格尔与孔子是'近邻'。作诗和读诗是最具有构成境域性的语言活动。它开启出一个充满了自身韵律和可领悟势态的境界，比主体的观念世界要无可比拟地更丰富、更自持、更可领会，因而似乎是与神灵沟通，使礼有了在场的揭示性。没有哪种繁文缛礼、官僚制度和教条化了的教会制度能保留住它。它的源源出现就意味着一个人、一个团体、一种学说，乃至一个民族和文化的兴盛；它的消退则意味着它们的衰亡。周天子通过采风和献诗来观天下气象，与天意相通，与人意相和，可谓人类历史上独具慧眼的开创，与占星术和谶纬之术完全不同，当然也与现代的依据实证和科学的预测术很不相同。提到儒家文化，就离不开'诗云子曰'。孔子对诗与乐的挚爱、对于它们所富含的思想性的鉴赏，影响了这个两千年之久的文化风貌。海德格尔则认为：'诗所打开的、并且在格式塔的间隙中先行投射出的就是开启之域。'从事于这种开启终极存在域事业的诗人是纯真的，也一定有超个人的天命，就如同荷尔德林那样。"[1]

这样我们就可以更深刻地理解，中华传统文化文采风流那一

---

[1] 张祥龙：《海德格尔思想与中国天道——终极视域的开启与交融》，生活·读书·新知三联书店，1996年。

条主脉在曹雪芹《红楼梦》中的卓越体现绝不仅仅是一个写作技巧问题，而有着关系到"天道""存在"这种"终极视域"的深远意义。《论语》本身的某些诗意因素，以及《诗经》被列为儒家经典之一这种现象本身，其实就是中华传统文化贴近生命本质的自我调整，是"两条主脉"并非扞格对立而有互相融合协调的体现。从这一角度观照，也可以说曹雪芹的《红楼梦》继承发扬了儒家文化的精髓。而胡适的红学，正是在这一最根本的问题上离弃了传统的精神脉络，断裂了与传统会通的基础。

新儒家与红学

"五四"新文化运动的发生标志着"新文化"的产生，但并不意味着"旧文化"的灭亡。实际上，整个中国现当代文化都是由所谓的"旧文化"与"新文化"在交叉、交织、纠缠、相互转化、过渡而又对峙、对立、对抗中构成的一个充满张力的文化格局。

任何文化，都有其现实性和超越性两个层面。没有现实性，一种文化就不可能被现实社会的人所理解、接受、运用。人们是通过它在现实社会所可能发生的积极作用而感受它、了解它、接受并实际运用它的。但是，文化还必须有其超越性的一面。没有超越性，文化很快便会完全转变为现实，而完全转变为现实的文化就不再具有文化的意义。

正是在现代思潮的猛烈冲击下，中国传统的儒家文化才获得了重新生长的契机。它经过了两千多年的庙堂生涯，重新回到了自己思想的故乡，再一次成了中国知识分子阶层内部的一个思想派别。

林毓生说："自由、理性、法治与民主不能经由打倒传统而获得，只能在传统经由创造的转化而逐渐建立起一个新的、有生机的传统的时候才能逐渐获得。"①但在这里有一个具体问题，即中国传统在什么条件下、由谁、为什么以及怎样才能实现创造性的转化？

西化派以西方文化的现代发展为基础，以进化论为其立论根据。新儒家学派以中国传统文化为基础，以文化民族主义为其立论根据。

西化派对中国文化传统的任何批判，归根到底都只是一种现实的批判，是中国传统文化中那些已经固化为现实而在现实的社会生活中构成了对现代中国人的束缚和禁锢的因素，现实感才是西化派知识分子力量的源泉。要将自己的革新转化为更具有整体感的革新，就必须与国家的政治权力结合在一起，实际上，连"五四"白话文革新也是通过国家教育部的行政命令才迅速推广到全国的。从现代国家的角度，要求现实的发展也必须依靠西化派知识分子的知识和技能。这样，西化派知识分子就与中国现实政治体制结合起来，具有了国家主义性质。这时，中国的固有文化就具有了反对西方文化霸权的职能。这时新儒家学派对西方霸权的反抗返回到中国传统文化的更具有超越性的层面上。

西化派对中国传统文化的批判在总体上是现实的，而新儒家学派对西方文化霸权的反抗则更倚重中华民族的文化意识和文化人格。在现代新儒家的思想学说里，中国古代以礼教制度为重心的儒家文化传统，开始转化为以仁学、理学、心学为主体的精

---

① 林毓生：《中国传统的创造性转化》，生活·读书·新知三联书店，1988年。

神学说，并与传统佛家文化、道家文化实现了更紧密的结合。如果说章太炎、胡适的学术仍然主要继承着清代学术传统的话，那么，现代新儒家的学术则主要继承着宋明理学的传统。

王新命等十位教授于1935年1月10日在《文化建设》上发表《中国本位的文化建设宣言》。21世纪有了"全球化"的口号，随之而来的就必然有"民族性"的要求。这是一个民族文化永远也不可分离的两种发展趋向，而不可能只有其中的一种趋向。

将全盘西化论提高到一个完整的理论体系的是陈序经。他曾先后出版过《中国文化的路》《东西文化观》《全盘西化言论集》《全盘西化言论续集》《全盘西化言论三集》等多部著作。正是因为有了全盘西化的主张，我们才感到坚持中国文化的独立性、民族性的必要，才感到中国本位文化论的价值和意义。

胡适是一个西化派，所以他赞成陈序经而反对新儒家。西化派漠视了中华文化的精粹是题中应有之义。问题在于，新儒家的民族文化本位主义同样是不全面的。新儒家的学者们所致力于"创造性转化"的民族文化传统，主要局限在儒家代表的传统的伦理基则那一条中华文化的"主脉"，而很少顾及《诗经》《楚辞》为首的艺术型文采风流的那另一条中华文化的"主脉"。即使从儒家本身而言，也忽视了张祥龙所谓孔子以诗境为人生"终极境域"的向度，即儒学本身中的"诗意"层面。事实上，艺术型文采风流才是中华传统文化更为本质的内容，精神气质层面的内容，也是不与被普遍认同的现代文明中的价值观念如民主、人权、自由等发生直接冲突的部分。

这一条中华文化的"主脉"，曹雪芹和《红楼梦》是最成功最生动最卓越的代表。红学研究其实从这样一个切入点上才获得了最本体性的新国学的资格。一方面，《红楼梦》以它的"情"文化对儒家的"仁—礼"文化做了"创造性转化"，更对宋明以来的"理学"文化做了根本性的修正。过去所谓《红楼梦》的"反传统""反封建"，其本质内容就在这里。另一方面，也是更重要的方面，是曹雪芹以巧夺天工的艺术造诣达到了传统文化文采风流的极致，提供了一个光芒永远不会减退的美轮美奂的审美文本，并由对这个文本的阅读、评论和研究引申出一门既有学理和思想深度又能得到社会普遍关注的学术，而且似乎具有永远不会枯竭的源泉。

正是在这个意义上，《红楼梦》文本和红学研究也就具备了最富魅力的中华文化"代表"的资格，成了一个不可企及的高度，足以和西方文明中的任何杰出创造来一比高低，向西方的文化霸权叫板。它的潜力和实力，实在要比新儒家、学衡派等强大得多。现在的传统文化派在起劲地组织青少年读经，什么《三字经》《孝经》《论语》，其实，读经何如读红？经里面毕竟有某些与现代价值观念相冲突的糟粕。一部《红楼梦》，真让青少年读进去了，读懂了，中华文化的魅力也就融于在他们的血液中了。读经，无论是从接受效果上说还是从更容易普及的层面着眼，都是远远不如读《红楼梦》的。

红学应定位于新国学，根据和理由，主要在这里。

一切学术理论在思想的向度上都可以归源到哲学。在当代学者面前，有两个主要的哲学知识体系：西方哲学的知识体系，中国古代的哲学知识体系。当代学者大都是努力以自己的方式沟通东西方哲学，并且主要是用西方哲学的概念来重新阐释和解读中国古代的哲学概念。

但是，这种会通的工作也不是没有困难。就哲学而言，在中国古代，实际是没有"哲学"这个学术概念的，这个概念是从西方学术中输入的。将中国古代一些思想学说纳入"哲学"这个概念中来阐释，来分析，其本身就与中国古代一些思想学说的建构方式和建构原则有了很大的不同。

西方的哲学，不论是古希腊罗马的哲学，还是文艺复兴之后发展起来的近代哲学，都与自然科学和数学的研究有着密不可分的关系。特别是在中国学院哲学中影响甚大的罗素、怀特海、维特根斯坦等人的哲学，都与数理逻辑有关。凡是与自然科学和数学有关的哲学学说，其基础概念，大都是被研究者明确界定过的简单的、具体的、个别的、明了的概念，正像数学中的公理和定理，是作者与读者具有共识的概念。

正是在这样一些基础的概念之上，西方哲学家才通过各种不同的逻辑关系导引出不同层面的抽象概念，同时使这些抽象概念具有了简单性、具体性、个别性和明了性。它完成的是一个理性的认识过程，是新的知识的产生过程。尽管哲学的知识永远不像自然科学知识那样具有直接的可感性和实践性，但在人的理性思维结构中，它则是十分明确和具体的。

而中国古代的思想学说，大都与自然科学与数学的研究没有多大关系，不论是老子学说中的"道"，孔子学说中的"仁"，宋明理学中的"理"，还是王阳明学说中的"心"，其他如"太极""阴""阳""气""数""性""命"等等，都建立在作者自身浑融的整体感受中，只有相对的明确性，而不可能给予一个十分确定的定义。中国古代的思想家就是通过这样一些浑融的整体概念，提出对人以及人的行为的各种具体要求。

218

这是与中国古代思想家各自不同的人生感受紧密联系在一起的，只要你有着与某个思想家相同或相近的人生感受，你就能够感到其中所有具体内容的合理性，而一旦你的人生感受根本不同于某个思想家，他的思想学说的所有具体内容也就没有了绝对的合理性。

这两种不同的哲学概念体系之间，如何实现有效的会通，是一件相当困难的事。这种阐释的困境在《红楼梦》研究历史中表现得最为突出，也就是用各种西方的思想理论、文艺批评范畴来分析小说文本时会发生许多问题。如"自传说"与"文学虚构"，"典型形象"与"意境人物"，作者与读者的关系⋯⋯

《红楼梦》解读中的许多冲突，追根溯源，都与现代的读者和研究者的知识结构——特别是感受方式——已经不能如鱼在水一般了解中国古代文化有关。胡适与俞平伯的差异，周汝昌与胡适的"恩怨"，周汝昌与当代其他红学研究者的区别⋯⋯撇开具体的人际之琐末纠纷，从知识结构、思维方式、感知方式等方面，其实都可以在这种思想文化的本原矛盾中获得观照和解释。笔者在《独上红楼》中就初步涉及了这个问题。

三种文化在红学中的纠缠

王富仁先生分析中国现代的三种文化：学院文化、革命文化和社会文化。这三种文化的不同向度也表现为红学史中的各种纠缠。

从1949年到1979年，革命文化发展成的政治文化深深地影响了红学的发展。通过批判俞平伯《红楼梦研究》而引到对胡适思想的批判，实际反映着毛泽东对中国现代革命文化与中国现代学院文化的差异和矛盾的意识。学术有资料和观点两个层面，掌握资料的多少表现为"学问"的大小，观点的鲜明与准确则更取决于研究者的思想视角和理论勇气。中国古代文化史诸学科，虽然也有一个观点问题，但到底与现实政治的距离较远，这使它更重视学问，更强调史料的挖掘和整理，在革命政治文化占主导的1949年到1979年这个时期，在当时的诸学科中，始终较好地维护住了自己的学术底线的只有这个领域。

《红楼梦》研究又表现为一种很独特的情况。一方面，它是中国古代文化史学科的一种，因此从索隐派的旧红学到胡适的新红学，到20世纪最后二十年改革开放的新时期，考证始终是红学里面的主流和正宗，这是学院文化占主导地位的象征。另一方面，《红楼梦》中确实蕴藏着深刻的文化思想资源，在某个层面，它可以与革命文化潜流暗通，在另一个层面，它又可以与社会文化碰撞出火花。这就是为什么毛泽东会对《红楼梦》评价那么高，又往往拿它说事，甚至将它化为一种政治思想斗争的工具，如1954年的批判运动；以及为什么周汝昌尊鲁迅为红学大师，对胡适却颇有微词；等等。这些看似纷纭难解的红学现象，其实都可以从三种文化之错综复杂的关系中找到某种解释。

而红学中的"滞后"和怎样"突破"等问题，也与三种文化的交缠有关。学院文化的基础是知识，赋予知识以系统性的是逻辑，特别是形式逻辑，所以当金岳霖说哲学是概念的游戏不是没有其合理性。但《红楼梦》却同时是一部奠基于感受性的文学杰作，因此红学中以考证为主的学者们仅仅从"形式逻辑"出发，往往就要出现失误。在红学的各种争论中，无论是曹雪芹的家世祖籍问题，还是《石头记》和《红楼梦》的版本认同问题，以及"二稿合成"和"脂批本乃伪造"等种种说法，都与这种形式逻辑的偏执有关，当然那要分析起来，就未免太专业化了。

王富仁先生比较西方的文艺复兴和中国的"五四"新文化运动之同异，认为：文艺复兴从根本上就是一个社会文化运动，它不发生于宫廷，也不发生于神学院，而是首先在社会文化领域发生，而后才进入了学校教育领域。近现代的学校教育逐渐代替了单纯的神学教育，引起了教育界的革命。学院的教授、学者不但不会有意或无意地漠视但丁、薄伽丘、佩特拉克、塞万提斯、乔叟、莎士比亚、拉伯雷、拉菲尔、米开朗琪罗这样一些文学家、艺术家的独立存在价值和意义，而且他们的文化观念往往就是在这样的社会文化基础上生成和发展起来的。康德、黑格尔、马克思都是具有高度理性思维能力的哲学家，但他们却不用自己的理性标准要求文学艺术的创作，因为他们对社会文化的独立建构基础和独立价值体系有着比较充分的理解。

"五四"新文化运动不是发生于中国社会，而是发生在北京大学这个高等学府，发生在学院教授和学者中间。中国现代社会文化、中国现代革命文化、中国现代学院文化都在学院教授和学者中间发生，参与者都是学者和教授，但都不是革命家和文学、艺术家。这样，学院文化的标准就成了他们唯一共同的标准，以学院文化的标准阐释社会文化和革命文化就成了那时最有影响力的批评模式。

新红学的开山祖师是学院派的胡适，而不是社会文化派的鲁迅，应该说这是影响到后来近百年红学发展走向的一个关键性的"历史的偶然"。此后红学发展的种种艰难曲折，"成功"与"挫折"，都可以从这里深入而发掘出有别种意味的文化历史内涵。学院文化中的是和非是知识论意义上的，革命文化中的是和非是实践论意义上的，而社会文化的建构基础则是个人性的。作者寻找的是表达自己心灵的方式，是能够引起他假想中的读者对象阅读趣味的方式，是能够加强读者对自我的了解、理解和同情的方式。

读者则是以自己的方式感受作品和评价作品的，能否与一个作品发生心灵上的共鸣，不是根据任何先定的标准，而是取决于该作品与其心灵的关系。所以，社会文化归根到底是社会不同成员间实现心灵沟通的一种文化渠道。其创作和接受，都是纯粹个人性的；其文化的性质，又是社会性的。以纯粹属于个人的感受、体验、想象、认识为基础，实现社会不同成员之间的心灵沟通，构成不同社会成员之间的精神互动关系，这就是社会文化与学院文化、革命文化根本不同的建构基础。

正是这种不同的建构基础，使红学研究在学院文化派胡适的主导下，走上了一条充满悖论的发展道路。胡适不是出自文艺复兴背景的像康德、黑格尔、马克思那样具有高度理性思维能力的哲学家，不能不用自己的理性标准要求文学艺术的创作，因为胡适不能像康德、黑格尔、马克思对社会文化的独立建构基础和独立价值体系有比较充分的理解。因此，在胡适的主导下，《红楼梦》的阅读和阐释以"科学方法"为标榜，而偏离了"心灵沟通""精神互动"这种最根本的原则。

1949年到1979年红学的悖论呈现了一种更加扭曲的形式。批判俞平伯《红楼梦研究》的广大参与者不是出于对《红楼梦》这部古典名著的关切，而更是出于对自我政治命运和学术地位的关心。此时，批判者已经不想主动了解、同情和理解被批判者，甚至也不想得到被批判者的了解、同情和理解，他的批判更多是写给与他同样的批判者看的。彼此竞争的不是对对象的认识，而是对被批判者精神的打击力度，其学术的价值和意义也就不复存在。

1979年以后的新时期，学院文化卷土重来，具体表现为考证再度成为红学的主流。同时，政治文化主体性也还在发挥着作用，与学院文化复杂地交织在一起，20世纪80年代以来红学界一波又一波的争吵纠纷正体现出这种特点。无论在哪一个历史时期，鲁迅代表的社会文化的感受主体性都没有机会在红学领域扮演主角。这正是暗承了鲁迅精神的红学界的"独行侠"周汝昌成为红学的一个"异数"，并总是与红学界发生冲突的根本的社会文化原因之所在。

政治关系是一种法制关系，法制关系是靠政治权力维持的；经济关系是一种金钱关系，金钱关系是靠交易双方的合同契约维持的；文化关系是一种精神、理智或情感的关系，是靠人与人之间的相互了解、同情和理解维持的。政治权力一旦被引入正常的经济关系和文化关系，不但政治权力会瓦解正常的经济关系和文化关系，同时经济关系和文化关系也会瓦解正常的政治关系：由"双赢"变"两伤"。

这种将政治权力引入经济关系和文化关系中的现象是政治主体性的越界行为。而其后果，则是使某些知识分子在自觉与不自觉中就不再独立地面对世界、社会人生和人类文化，不再用自己的心灵感觉、感受、理解自己的研究对象，而只是将自己的研究对象纳入一种权威理论的框架中，通过表面的对照而对研究对象做出极其简单的或是或非的所谓"客观"评价。这种思维方式对我们学术事业的发展所造成的破坏影响甚至超过革命大批判的本身，因为它根本不是研究性的思维方式，在这种思维方式中永远不可能从研究对象中发现别人所未曾发现的东西。

这种不是研究的研究，造就不是知识分子的知识分子。具体到红学界，就是以主流自居的学派往往会有意无意地表现出政治主体性的越界倾向，再加以学术文化"形式逻辑"主体的双重作用，某些红学家自觉不自觉地不再用自己的心灵感觉、感受、理解自己的研究对象——曹雪芹和《红楼梦》本身，而只是将自己的研究对象纳入一种权威理论的框架中，所谓"资本主义萌芽"，所谓"典型环境中的典型人物"，所谓"现实主义"，等等。甚至，他们的心灵感觉、感受和理解本身在政治主体越界和学术文化片面性的影响下已经被异化，其自以为是的"主体性"其实只是"伪主体性"而已，而他们自己并不能意识这一点，反而陷入一种自以为永远正确的怪圈。因此，在红学界同样造就了一些不是《红楼梦》真正研究者的"红学家"。

"西学热"的出现，使中国知识分子再一次感到了失去自我主体性的危险。这一次不是失落在国家意识形态的主流话语中，而是失落在西方大量现成的理论学说中。西方现代社会是在西方历史和文化传统基础上演变发展而来的，中国现代社会则是在中国历史和文化传统的基础上演变而来的，彼此有着相通乃至相同的特征，但在这相通乃至相同的特征背后涌动着的却是相异乃至相反的文化潜流。

"全球化"给中国社会带来了前所未有的繁荣和发展，但也给中国社会带来了前所未有的震动和危机；"西语热"提高了新一代知识分子的外语水平，但也造成了部分人对本民族语言的轻视；"西学热"加强了中国知识分子对"西学"的了解和对西方人文化心理的理解，但也造成了对"中学"的漠视和对中国人文化心理的隔膜。相反相成，"国学"这个概念再一次出现在中国内地，酝酿出了一个新的"国学热"。

现代热—西学热—国学热，这就是1979年以后中国文化、中国学术演变的三部曲。正是到了国学热出现，新时期中国学术复苏的过程才宣告正式完成。不过不能不强调，传统的国学中更本质更重要的内容是文采风流的那一条主脉，而体现这一条主脉的最杰出文本就是曹雪芹和《红楼梦》。因此，国学热的核心应该是红学热，红学应定位于新国学，理路正在于此。

参与民族学术整体，在民族学术整体的复杂关系中意识自我学术研究活动的价值和意义。除了鲁迅未曾将自己完全纳入西方某个思想学说的范式中去，更多的新派知识分子则是把自己的精神寄养于西方某种思想学说，因而也把西方一种思想学说的价值和意义作为自己判断中国人和中国事物的标准。这使他们不仅从中国广大群众中孤立出来，同时也从广大中下层知识分子中孤立了出来。

红学界乃至不少人文社会科学界新起的一拨硕士博士学人，现在正面临"把自己的精神寄养于西方某种思想学说"而从血脉根基上脱离中华的语言和文化本体的困境，这就是周汝昌先生与龙协涛先生对话中谈到的民族语言和民族文化的"失语症"。这种"失语症"首先表现在汉语言文字的表达形式方面，随着硕士和博士的成批量出炉，一批一批丧失了中国传统"文章"神韵精彩的"科学论文"也如垃圾一般被炮制出来。

民族学术的力量源泉何在呢？就在于这个民族的语言，以及与这个民族的语言联系在一起的这个民族的知识体系，以及与这个民族的知识体系联系在一起的这个民族的思想体系和认知能力体系。用民族语言的力量参与民族语言的交流，用民族知识的力量参与民族知识的交流，用民族思想的力量参与民族思想的交流，这是每一个个体知识分子参与新国学这个民族学术整体的唯一途径和方式。学术的独立性就是用学术的力量争取学术的发展。

《红楼梦》是民族语言的最佳范本，也是与我们这个民族的语言联系在一起的这个民族的一个知识体系，以及与这个民族的知识体系联系在一起的这个民族的思想体系和认知能力体系的一种体现，更是这个民族语言所成就的最富有魅力的感受体系的一种象征，对《红楼梦》的读解和研究，也是我们参与民族学术整体，在民族学术整体的复杂关系中意识自我学术研究活动的价值和意义的一种最好的途径。所以，红学应定位于新国学。很多学科在直接的社会实践中是永远找不到自己位置的，但它在人类以及一个民族的学术发展中则是不可或缺的。红学、《红楼梦》研究，正是这样一个学科。在学术领域，向来是存同求异的。异是在不同概念框架之上建立起来的不同的知识体系。对红学应定位于新国学这一提法，亦可作如是观。

（此文原题《新国学与红学——读王富仁〈"新国学"论纲〉札记》，发表于《社会科学战线》2005年第6期。）